SILKE BADER

ENGEL FÜR DIE KREATIVITÄT

Die heilende Kraft schöpferischen Tuns

WINDPFERD

Windpferd Taschenbuch
Originalausgabe
85604

1. Auflage März 2010

Windpferd TB ist ein Imprint der
Windpferd Verlagsgesellschaft mbH

© 2009 Windpferd Verlagsgesellschaft mbH, Oberstdorf
Alle Rechte vorbehalten
Umschlaggestaltung: Marx Grafik & ArtWork,
unter Verwendung einer Illustration von Silke Bader
Illustrationen im Innenteil: Silke Bader
Lektorat: Melanie Binek
Gesetzt aus der Adobe Garamond
Druck: Himmer AG, Augsburg
Papier: LuxoArt Samt von Schneidersöhne
Printed in Germany · ISBN 978-3-89385-604-6

www.windpferd.de

Inhalt

Vorwort	7
Wie du dieses Buch verwenden kannst	9
Über Erzengel Anael	11
Erzengel Anael spricht	14
Vom Informations- zum Bewusstseinszeitalter	17
Öffnung der Wahrnehmungskanäle	19
In dir wohnt ein kreatives Genie –	
Der göttliche Funke des ICH BIN	21
Mit Engeln meditieren	25
Verbindung mit deiner ICH BIN-Gegenwart	26
Das Wesen der Kreativität	28
Empfangskanäle der Seele:	
Inspiration – Intuition – Imagination	29
Die göttlichen Aspekte der kreativen Energie	33
Dein Ausdruckswesen erwacht	35
Meditation zur Klärung der Chakras	39
Die Herzensbibliothek – Alle Weisheit liegt in dir	42
Meditation: Reise in deine Herzensweisheit	46
Träumerische Quellen	49
Meditation: Reise in den ätherischen Lichttempel	54
Von der Natur lernen – Schöpfung in Perfektion	58
Die Bedeutung der rhythmischen Lebensprozesse	61
Die Kraft der Elemente in deinem Sein	62

Ein neues Schöpfungsdenken erwacht	69
Was bedeutet das Gesetz der Liebe?	71
Folge deinem Stern	72
Vernetzung in der Neuen Zeit	74
Meditation zur Aktivierung deines Seelensterns	76
Kreativitätsblockaden –	
Die Wurzel des Vergleichs ausreißen	79
Meditation: Lebensfluss	86
Den Nullpunkt überwinden: Glaube an dich selbst	89
Von der Kunst des Zulassens:	
Das Ideal liegt wie ein Same in dir	93
Ein geistiges Ideal erschaffen	96
Die heilende Kraft des Tuns – Mut zur Umsetzung	99
Freude an der Selbstverantwortung	101
Panta rhei – Alles fließt	102
Die Verwirklichungskraft eigener Ziele	103
Lebenssinn als Quelle der Motivation	106
Meisterschaft	109
Die Autorin	112

*Sage ich allen lieben Menschen, Wegbegleitern und geistigen Helfern,
die meine kreative Entfaltung begleitet und unterstützt haben.
Besonders gilt dies meinem Seelenpartner Siegfried für seine Liebe
und unser gemeinsames Wachstum, durch das die Kreativität
unserer Seeleneinheit immer mehr erblühen kann.*

Vorwort

Dieses Buch bietet einen neuen Zugang, wie wir uns die Kraft der Kreativität erschließen können. Sein Inhalt ist von Engeln inspiriert und geführt und vermag es, uns direkt mit den geistigen Kräften, die in uns liegen, in Verbindung zu bringen bzw. diese in uns zu aktivieren. Wer kreativ sein will, bedarf der Inspiration. Dafür sind Engel und Lichtwesen wahrhaftige, unerschöpfliche Quellen. Aus ihrer höheren Perspektive nehmen sie uns Menschen ganzheitlich wahr und lassen uns als geistige Boten aus der Quelle des All-Einen genau jene Energien und Impulse zufließen, die wir zur Lösung und Weiterentwicklung unserer Lebenssituationen benötigen.

In diesem Kreativitätsbuch werden deswegen vor allem Techniken der geistigen Einstimmung, Ausrichtung und Verbindung beschrieben. Denn jedem neuen Handeln geht eine Inspiration voraus. Die Engel stellen uns im Weiteren vielfältige Ansätze und Möglichkeiten vor, durch die wir unsere intuitiven Kräfte aktivieren,

> *Was hinter uns liegt und was vor uns liegt, sind Winzigkeiten im Vergleich zu dem, was in uns liegt.*
> RALPH WALDO EMERSON

den Emotionalkörper klären und die Chakras harmonisieren können. Wie ein Musikinstrument werden wir dabei auf die Harmonie unseres wahren Seins neu eingestimmt, in dem alle Talente und Anlagen perfekt angelegt sind. Es ist unsere Lebensaufgabe, diese Anlagen mit liebevoller Aufmerksamkeit und Wertschätzung zu versorgen. So können sie wie Bewusstseinssamen aufgehen, gedeihen und in unserer Lebensrealität erblühen.

Die Engel laden dich ein, in eine tiefe Schwingungsharmonie mit deinem göttlichen ICH BIN einzutauchen und deine geistigen Wahrnehmungskanäle auf die hohen Ebenen des Lichtes und der Liebe auszurichten. Die Schwingungen, welche die Worte der Engel in dir hinterlassen, wecken dein Erinnerungsbewusstsein und lassen dich erfahren, welche Kraft und Fähigkeiten in dir liegen. Daraus vermagst du ein tieferes Vertrauen in die Befreiungskräfte unserer Zeit zu entwickeln. Es geht um einen Bewusstseinswandel, der sich in jedem einzelnen Menschen vollzieht. Wenn wir uns unserer schöpferischen Macht bewusst werden, können wir die kreativen Funken neuer Ideen nicht nur in unser eigenes Leben hineintragen, sondern auch in die bestehenden Systeme, um so eine Erneuerung der Strukturen auf diesem Planet zu bewirken.

Viele Menschen glauben von sich, nicht kreativ zu sein, weil sie keiner künstlerischen Betätigung nachgehen. Diese Überzeugung trennt uns jedoch von jener großartigen, unbegrenzten Macht, die jeder in sich trägt. Kreativität ist nämlich nicht auf die musischen Künste begrenzt. Sie stellt vielmehr jene schöpferische Urkraft dar, die als kreativer Strom in allen Menschen fließt. Jedes Wesen ist kreativ, da es wächst und sich weiterentwickelt. Aus diesem Grund ist es den Engeln ein besonderes Anliegen, dass wir uns dieser unendlichen Kraft bewusst werden. Denn indem wir die kreativen Kräfte in uns wecken, werden uns die Segnungen der Intuition, der Weisheit und der schöpferischen Liebe zuteil. Durch sie befruchten und erneuern sich alle unsere Lebensbereiche.

Somit bedeutet Kreativität,
deine Schöpferkraft und Macht ganz anzunehmen
und in der Realität deines Lebens inspiriert zu handeln.

Wir leben in einer Zeit des fundamentalen Wandels, in der die althergebrachten Strukturen nicht mehr tragen. Auf allen Ebenen, ob gesellschaftlich, wirtschaftlich oder politisch, ereignen sich große Umbrüche. Wenn äußere Strukturen keine Sicherheit mehr bieten, ist es umso wichtiger, Halt und Vertrauen in sich selbst zu finden. Wir haben eine tragende Kraft in uns: unsere göttliche ICH BIN-

Selbst in uns = Gott

Gegenwart. Das ICH BIN ist die wahre Essenz unseres Wesens, denn wir sind geistige Wesen, die eine physische Erfahrung machen. Wenn es uns gelingt, uns tief in diesem geistigen Kern zu verankern, spüren wir die reine Kraft unseres Seins. Durch sie erschließt sich uns die Quelle der Weisheit, Liebe und Kreativität, wodurch unser Leben mit schöpferischen Funken bereichert werden kann.

Albert Einstein sagte einst: »Probleme kann man niemals mit derselben Denkweise lösen, durch die sie entstanden sind.« Das bedeutet, dass die Herausforderungen unserer Zeit neue Denk- und Lösungsansätze erfordern, die geistig und kreativ inspiriert sind. In dieser Zeit des Wandels stehen uns die Engel, Erzengel und Lichtwesen hilfreich zur Seite. Mit ihren Energien unterstützen sie uns darin, unsere alten Denkstrukturen und Glaubensmuster zu erkennen und aufzulösen. Sie lassen uns neue Erkenntnisse und Inspirationen zufließen, die eine tiefgreifende Erneuerung unseres Denkens, Fühlens und Handelns bewirken, so dass sich unsere Lebensrealität positiv verändert.

Wie du dieses Buch verwenden kannst

Die Texte dieses Buches habe ich vor allem unter der Führung von Erzengel Anael, aber auch von anderen Engeln und Lichtwesen in einem intuitiven Schreibfluss empfangen. Die kursiv gedruckten Texte sind Meditationen und Einstimmungen und direkt übermittelte Engelsbotschaften. Beim Lesen dieser Botschaften schwingen die Worte in deinem Inneren nach und entfalten eine ganz spezielle Energie, die dein Seelenbewusstsein anspricht. Erzengel Anael vermittelt Energien der Schönheit, Harmonie, Liebe und Kreativität. Durch seine Texte kommst du unmittelbar mit diesen Energien in Berührung. Sie setzen eine Schwingung in dir frei, die deinen kreativen Ausdruck fördert.

Achte beim Lesen des Buches besonders auf deine eigenen Gefühle und Impulse, denn durch die Wortschwingungen der Engel öffnen sich neue Wahrnehmungskanäle in dir. Durch sie tauchst du in ein Resonanzfeld ein, durch das dich deine geistige Führung tief berühren kann. Es geht nicht so sehr darum, über dieses Buch neues Wissen anzusammeln, denn du trägst bereits alles Wissen in dir. Du solltest dich auch nicht anstrengen, die Übungen ›richtig‹ ausführen zu wollen. Viel wichtiger ist es, in eine angenehme Entspannung einzutauchen und darauf zu vertrauen, dass du schon über das Lesen Energien aufnimmst, die eine Bewusstseinserweiterung in dir fördern und deine Kreativität anregen. Mit dieser Offenheit wirst du genau spüren, welche Informationen und Übungen momentan mit dir in Resonanz stehen und somit deine Entwicklung optimal unterstützen. Arbeite deswegen lieber mit ein oder zwei Übungen konsequent über einen gewissen Zeitraum, um deren Wirkungen und Veränderungen in dir wahrnehmen zu können.

Lege dir für diesen ›Kreativkurs mit Engeln‹ und für die kommenden Wochen ein Kreativitäts-Tagebuch an, in dem du deine persönlichen Eindrücke, Meditationserfahrungen, Träume und Gedanken, die sich einstellen werden, niederschreibst. Dieses Tagebuch ist die wichtigste Quelle deiner ureigenen Inspiration. Während des Schreibens vertiefst du nämlich die Erfahrungen mit den Engelsbotschaften, und außerdem ist es eine sehr effektive Form, dich mit deiner inneren Weisheitsquelle zu verbinden.

Über Erzengel Anael

Meine erste Begegnung – oder vielmehr Verbindung – mit Erzengel Anael fand im Juni 2008 statt. Ich hatte mich zu Hause für eine stille Meditation zurückgezogen. In einem Zustand tiefster Entspannung bat ich innerlich darum, noch mehr in das Wesen der Liebe einzutauchen. In diesem Augenblick veränderte sich die Energie um mich herum und ich wurde von Strömen reinster Liebe durchflutet, wie ich es noch nie zuvor erlebt hatte. Eine wohltuende Wärme ergriff mich und ich fühlte mich im Herzen zutiefst berührt. Dann zeichnete sich vor meinem inneren Auge eine Lichtgestalt in wunderbar leuchtenden Farben aus Rosarot, Hellorange und Goldgelb ab. Ich vernahm in meinem Inneren diese Botschaft:

»ICH BIN Anael, ein Engel der Liebe des Herrn. Du hast mich gerufen und ich durchflute dich mit so viel Liebe, wie du derzeit empfangen kannst. ICH BIN ein Engel, der in der Natur mit ihrem Formen- und Farbenreichtum zum Ausdruck kommt. So gehe hinaus in die Natur, um dich mit meinen Schwingungen zu verbinden. Meine Energien stehen mit dem Sakralchakra, dem Sonnengeflecht und dem Herzzentrum in Verbindung. Ich unterstütze die Menschen darin, die Erfahrungen, die im Sakralchakra und Sonnengeflecht gespeichert sind, zu heilen und die Frequenz dieser Energiezentren auf die Schwingung des Herzens anzuheben.«

Mit offenem Herzen nahm ich Anaels Botschaft tief in mich auf. Als sich seine Energie langsam wieder löste, tauchte ich zurück in mein Tagesbewusstsein und war sehr erstaunt und berührt über diese innere Begegnung.

Seitdem meldet sich Anael regelmäßig in den Seminaren und an den Meditationsabenden, die ich gemeinsam mit meinem Seelenpartner Siegfried gestalte. Es ist Anaels Aufgabe, in dieser Zeit der Transformation die Menschen in ihrem kreativ-schöpferischen Ausdruck anzuregen, so dass sie ihr göttliches Potential zum Segen für alles Seiende verwirklichen. Wie ich später von Anael erfuhr, war es kein Zufall, dass ich gerade zu diesem Zeitpunkt bewussten Kontakt zu ihm bekommen hatte. Im Juni des Jahres 2008 hatte sich nämlich

ein seltener Venustransit ereignet, der wie eine Toröffnung für die Venusenergien wirkt. Seither fließen verstärkt hochfrequente Liebesschwingungen in unsere Atmosphäre und beschleunigen die Entwicklungskräfte auf unserem Planeten.

Anael gab mir auch den Anstoß zu diesem Buch. Seine Energien schwingen in den Worten und Zeilen mit und bewirken, dass die schöpferischen Funken in den Herzen der Menschen, die sie lesen, entfacht werden. Ich freue mich sehr, seine Botschaften hiermit überbringen zu dürfen und wünsche dir, liebe Leserin / lieber Leser, viel Freude und tiefe Erkenntnisse, wenn du dich auf die innere Erkundungsreise zu deiner schöpferischen Quelle begibst und zum ureigenen Ausdruck deines Wesens findest.

Erzengel Anael spricht

Aus der Quelle des Lichtes und der Liebe begrüße und berühre ich dich in deinem weit geöffneten Herzen und Bewusstsein, Anael spricht. Liebes Menschenwesen, ich freue mich zutiefst, dich über die Schwingungen dieser Worte, die du in deinem Bewusstsein empfängst, aufs Tiefste berühren zu dürfen und dich in eine Welt voller Wunder, Farben und Formen zu führen: in deine Seelenwelt. Denn du bist ein schöpferisches Geistwesen, das eine irdische Inkarnation gewählt hat, um sich selbst zu entwickeln und dem höheren göttlichen Plan zu dienen. Und so ist die Materie tatsächlich ein reizvolles Spielfeld, in das du eingetaucht bist, um dich als Mitschöpfer zu betätigen und zu erfahren.

Ich lade dich ein, die Kraft meiner Schwingung zu nutzen, um dich in geistige Höhen zu erheben, aus denen du die Großartigkeit und Perfektion dieses Spiels des Lebens erkennen kannst. Es ist mein tiefer Wunsch, dass du die Leichtigkeit und Freude spürst und lebst, mit der du einst in diesen Erdenplan eingetaucht bist, noch bevor sich die Hüllen der Erfahrungen und Glaubenssätze um deinen strahlenden Kern legten. Denn das Leben ist ständige Entwicklung in Leichtigkeit und Freude. Alles Lebendige strebt nach Ausdehnung und Vermehrung. Und so ist es der Wille des All-Einen, dass auch du die Großartigkeit und Einmaligkeit deines schöpferischen Seins erfährst und lebst, um dein göttliches Potential zu verwirklichen und alles Seiende damit zu inspirieren. Kreativität ist die lebendige Lebenskraft, die in dir fließt und sprudelt. Sie ist die Quelle, aus der du alle Ideen und Energien schöpfst, die dein Leben bereichern.

Ich, Anael, bin ein Erzengel und wirke auf dem korallenroten Strahl der Liebe, Schönheit und Harmonie. Und so bin ich auf eurem Schwesternplaneten Venus beheimatet, der ein Ausdruck der Liebe und Schönheit als Aspekte göttlicher Vollkommenheit ist. Wann immer du dein Herz öffnest und es auf mein Licht ausrichtest oder deinen Geist öffnest und meinen Namen rufst, bin ich augenblicklich an deiner Seite, um dich zu berühren, zu inspirieren und zum Ausdruck deines Seins anzuregen.

Wie du bereits spürst und erlebst, ist dies die Zeit des Wandels. Ein Bewusstseinswandel, der in den Menschen begonnen hat und nun, da alle Materie auch Energie und Bewusstsein ist, eure vermeintlich festen und sicheren Strukturen wie ein Leuchtfeuer durchdringt. Und so nimm meine Worte tief in dein Herz auf, wenn ich dir sage: Fürchte dich nicht! Denn alles, was dem Licht und der Liebe entspricht, wird Bestand haben. Es wird die neue Struktur bilden, die bereits als innerer Bauplan in allem angelegt ist. Und so braucht es in dieser Zeit des Wandels kreative Impulse und schöpferischen Geist, um die neuen Ideen und Ideale in die Materie zu tragen, in alle Bereiche eures Lebens.

Sieh dich als der Lichtpionier, der du bist, und wisse, dass du mit allem, was du in deinem Leben und Wirkungsbereich tust, auf das große Ganze einwirkst. Diese Zeit ist eine Erneuerung des kosmischen Bundes, in der sich die Menschen der Einheit von Geist und Materie gänzlich bewusst werden. So erschaffen wir gemeinsam eine neue Welt und eine neue Erde. Gründe dich tief in deinem zeitlosen Seelenkern, deinem hell strahlenden ICH BIN und spüre dein göttliches Erbe, Geist vom Geiste zu sein. Aus dieser Kraft kannst du alles sein und erschaffen, was du in dir trägst und was dein Geist ersinnen kann.

Ich, Anael, freue mich zutiefst, dich auf diese Reise in dein schöpferisches Potential begleiten zu dürfen. Und so berühre ich dich mit meinem korallenroten Liebeslicht in deinem ganzheitlichen Sein und aktiviere deine schöpferischen und vitalen Lebenskräfte. Atme mein Licht einige Male über dein weit geöffnetes Herz ein und aus, um dich mit meiner Schwingung zu verbinden. Der Sternenstaub der Inspiration fällt in deine weit geöffneten Energiezentren, um den Funkenflug deiner Begeisterungskraft zu entfachen.

Und so hülle ich dich mit meinem Licht und meiner Liebe ein. Göttlicher Segen ruht auf dir und macht deine Wege freudvoll und eben. In tiefer ewiger Liebe, Gott zum Gruße.

Vom Informations- zum Bewusstseinszeitalter

Licht ist Schwingung und Information. Durch kosmische Einstrahlungen auf diesen Planeten und all seine Lebewesen erhöht sich kontinuierlich die Schwingung allen Lebens. Wir erleben das an einer stetigen Beschleunigung aller Lebensprozesse, an der Wissensvermehrung und daran, wie sich unser Zeitalter und das damit verbundene Bewusstsein verändern. Unsere gegenwärtige, von der Computertechnologie geprägte Zeit lässt sich als Informationszeitalter klassifizieren. Man schätzt, dass sich das Wissen auf der Welt alle vier bis fünf Jahre verdoppelt! Es ist kaum noch zu leisten, die Flut von Informationen zu verarbeiten. Vielmehr ist die Fähigkeit gefragt, die relevanten Informationen zu filtern und neu zu verknüpfen. Dies sind Eigenschaften der rechten Gehirnhälfte, die

Phantasie ist wichtiger als Wissen, denn Wissen ist begrenzt.
ALBERT EINSTEIN

systemisch, kreativ und intuitiv erfasst. Sie steht deswegen für Kreativität und die Möglichkeit, zu assoziieren und in Bildern zu ›denken‹. In ihr liegt das Zentrum für Intuition, Spontaneität und Gefühle.

Das Informationszeitalter, geprägt durch unser Schul- und Lehrsystem, hat allerdings zu einer Überbetonung der linken Gehirnhälfte geführt. Im Mittelpunkt stehen Wissensvermittlung und das logisch-analytische Denken. Dieses ist in der linken Gehirnhälfte angesiedelt, wo die Fähigkeiten der Sprache, des Lesens und Rechnens zu finden sind. Dort werden Informationen linear und in logischer Reihenfolge verarbeitet. Doch erst durch die Vernetzung und bessere Zusammenarbeit beider Hemisphären können kreative Denkleistungen erbracht werden. Hilfreiche Methoden zur Integration beider

Gehirnhälften bieten beispielsweise kinesiologische Körperübungen oder das Mind-Mapping[1]. Auch in der Meditation findet eine Synchronisierung, ein Ausgleich der beiden Gehirnhälften, statt, weswegen sie nicht nur der Entspannung dient, sondern ebenso unsere Kreativität fördert. Den Methoden der Meditation und geistigen Einstimmung werden wir uns in den folgenden Kapiteln ausführlich widmen.

Aus geistiger Sicht stehen wir an der Schwelle zu einem neuen Zeitalter, in dem die intuitiven und kreativen Kräfte im Menschen stärker erwachen. Das nun anbrechende Bewusstseinszeitalter – auch Wassermannzeitalter genannt – wird von Vernetzungen auf allen Ebenen des Seins geprägt sein. Durch die Bewusstseinsöffnungen und erhöhten, kosmischen Energien kommen wir leichter und dauerhaft in Kontakt mit unserem Höheren Selbst und den Kräften der Intuition. Hierdurch treten wir in eine Art universelle Verbindung sowohl zu unseren Mitmenschen als auch zu Engeln und geistigen Wesen, die auf höheren Ebenen beheimatet sind. Wenn wir uns für diesen Prozess öffnen, dann kann uns über diese Kanäle kosmisches Wissen zufließen. Wie mit Lichtgeschwindigkeit erhalten wir so Erkenntnisse und Geistesblitze als Lösungsmöglichkeiten für unsere Lebenssituation.

Ein konkretes Beispiel für die globale Vernetzung stellt das Internet dar. Es hat den Umfang und Austausch von Informationen rasant gesteigert und die Menschen weltweit miteinander in Verbindung gebracht. Spirituell gesehen werden wir uns nun der Einheit und Verbundenheit aller Menschen und Lebewesen immer mehr bewusst. Dem entsprechend werden in der Neuen Zeit Menschen, die eines Geistes sind, vermehrt in Gruppen zusammengeführt. Durch einen derartigen Zusammenschluss von Bewusstsein kann eine Schwingungserhöhung erreicht werden, die ein Einzelner kaum allein zu vollziehen vermag. Hinzu kommt, dass solche Energieträger auch die Engel und Lichtwesen nutzen und auf diese Weise vernetzend wirksam werden können, so dass neues Wissen und neue Erkenntnis-

---

[1] Das Erstellen von Mind-Maps ist eine kreativ-bildliche Methode zur Darstellung komplexer Inhalte. Dabei werden Begriffe zu einem Themengebiet durch Assoziation gesammelt und neu verknüpft.

se gemeinsam gewonnen werden. Viele solcher Lichtkreise wurden schon gebildet und noch viele weitere werden sich zusammenfinden, um das Neue Bewusstsein auf diesem Planeten auferstehen zu lassen.

Zu der Geburt dieses Neuen Bewusstseins trägt jeder Einzelne mit seiner Persönlichkeitsentwicklung, seinen Erkenntnis- und Wachstumsprozessen bei. In jedem Menschen werden der Wunsch und die Eigenverantwortung wachsen, mit seinem Wirken einen Beitrag für diesen Planeten und das Leben leisten zu wollen, um damit selbst Sinn zu finden und zu stiften. Der Same dazu liegt in uns und in ihm sind alle Gaben und Talente enthalten, mit denen wir unsere Aufgabe erfüllen können.

Begeben wir uns nun also in Begleitung der Engel und Lichtwesen auf die Entdeckungsreise unseres ganzheitlichen Seins, um die unbegrenzte Schöpferkraft in uns zu erfahren und zu entfesseln.

Öffnung der Wahrnehmungskanäle

Der Übergang in das Bewusstseinszeitalter ist von einer kontinuierlichen Schwingungserhöhung gekennzeichnet. Unser physischer Körper sowie unsere feinstofflichen Hüllen (Astral-, Mental- und Kausalkörper) werden der erhöhten Schwingung und Informationsübermittlung angepasst. Meditation ist der Schlüssel, um diesen Prozess optimal zu fördern und zu unterstützen. Indem wir die Wahrnehmung unserer äußeren Sinne bewusst nach innen lenken, können sie sich verfeinern und sich zu besonderen Wahrnehmungskanälen entwickeln. So können uns Fähigkeiten zuteil werden, die wir als Hellsehen, Hellfühlen und Hellhören bezeichnen. Im Zuge dieser Wahrnehmungserweiterung werden sich auch der Geschmacks- und Geruchssinn verfeinern. Die Schwingungserhöhung unserer Körper und die Erweiterung unserer Wahrnehmungskanäle wird ›Lichtkörperprozess‹ genannt. Wir dürfen bei diesem Vorgang, der oftmals mit Anpassungsschwierigkeiten wie beispielsweise Kopfschmerzen, Müdigkeit oder Verspannungen einhergehen kann, die uns begleitenden Engel und Lichtwesen um Hilfe bitten. Sie lenken das feinstoffliche Geschehen und alle Öffnungsprozesse in dem Umfang, wie es unserer persönlichen Entwicklung zuträglich ist. In ihrer liebevollen Fürsorge wirken sie mit ihren Energien harmonisierend auf unser Geist-Seele-Körper-System ein und unterstützen ein organisches Wachstum unserer Persönlichkeit.

Mit der folgenden Wahrnehmungsübung entspannst und sensibilisierst du deinen physischen Körper, so dass er wie ein Instrument auf die feinen Seelenimpulse eingestimmt wird.

> **MEDITATION**
>
> *Setze oder lege dich an einen stillen Ort, wo du ungestört bist. Achte auf deinen Atemstrom, wie er mühelos ein- und ausfließt. Versuche, nichts zu verändern oder zu beeinflussen. Beobachte nur den Strom deines Atems und spüre, wie sich deine Bauchdecke sanft hebt und senkt. So wirst du immer ruhiger und spürst einen tiefen, inneren Frieden. Wenn sich deine Gedanken und Gefühle beruhigt haben, bist du angekommen in deinem wahren Sein, das einfache Präsenz im Hier und Jetzt ist. Nun lenke diese Präsenz, dieses Gewahrsein, in deinen physischen Körper und spüre ihn von innen. Tauche mit deinem gesammelten Bewusstsein in deinen physischen Körper ein und fühle deine Füße, die Beine, das Becken, den Unterleib, den Oberkörper und Rücken, die Schultern und Arme und schließlich den Kopf. Wenn du deine Aufmerksamkeit in deinem Körper zentrierst, bist du im Hier und Jetzt fokussiert. Du wirst spüren, wie sich eine behagliche Wärme oder ein sanftes Kribbeln als Zeichen der Vitalität deines Körpers einstellen. Bleibe noch einige Augenblicke in dem Wohlgefühl deines inneren Körpers und öffne dann langsam die Augen.*

Je häufiger du die Verbindung zu deinem inneren Körper herstellst, desto mehr wird sich deine Wahrnehmungsfähigkeit verfeinern. Die regelmäßige Entspannung wirkt wohltuend auf deinen physischen Körper. Schaffe dir im Verlauf des Tages immer wieder kleine Inseln der Entspannung, in denen du den Gedankenstrom des Verstandes beruhigst und dich in deinem Gefühl und Körperbewusstsein zentrierst. Über diese Entspannung kommst du auch tiefer mit deinem Schutzengel und deiner geistigen Führung in Verbindung, durch die du kreative Impulse und Inspirationen erhältst.

In dir wohnt ein kreatives Genie – Der göttliche Funke des ICH BIN

In jedem Menschen liegt ein göttlicher Kern, die ICH BIN-Gegenwart. Er ist das Zentrum unseres Seins und die ruhende Kraft unserer Seele. In Meditationen können wir in dieses kraftvolle Zentrum eintauchen und erleben dadurch ein tiefes Gefühl der Verbundenheit, des Einsseins und Friedens. Das ICH BIN ist der Bewusstseinskern, der die göttliche Einheit nie verlassen hat und diese Schwingung in jedem Augenblick in uns repräsentiert. Mit den menschlichen Sinnen sind wir auf die äußere Welt ausgerichtet und nehmen ständig Eindrücke, Bilder, Gefühle und Geräusche auf, die in unserem Inneren Wellen unterschiedlichster Emotionen auslösen. So wie ein Stein, der ins Wasser geworfen wird, Kreise auf dem Wasser zieht, so schwingen alle Erlebnisse auch in uns weiter und bilden unsere Erfahrungen und Stimmungen. Die ICH BIN-Gegenwart ist dagegen wie ein stiller, tiefer See, der in sich selbst ruht. So ermöglicht uns das Eintauchen darin, unseren wahren Seinszustand aus Licht, Liebe, Heilsein und Frieden zu erleben. Wir betreten einen zeitlosen inneren Raum der Ruhe, der Stille und des Verbundenseins.

Stelle dir einmal vor, dass in dem tiefen Bewusstseinssee deines ICH BIN alles Wissen und alle Fähigkeiten enthalten sind, die du für dein erfülltes und glückliches Leben brauchst. Mit jedem Eintauchen in dieses innere Bewusstseinsmeer der Einheit fischst du die Perlen der Erkenntnis, die du für deine nächsten Entwicklungsschritte benötigst. Auf diese Weise kann sich dir das vielleicht größte Geheimnis des Lebens enthüllen: Alles liegt von Beginn an in dir. Indem du nach

Meditation ist die Bereitschaft, den Willen still werden zu lassen und das Licht zu sehen, das sich erst bei still gewordenem Willen zeigt. Sie ist eine Schule der Wahrnehmung, des Kommenlassens der Wirklichkeit.

CARL FRIEDRICH VON WEIZSÄCKER

innen gehst, wirst du Wissen und Erkenntnis erhalten. Jesus beschrieb dies mit den Worten: »Denn sehet, das Reich Gottes ist inwendig in euch.« In deiner ICH BIN-Gegenwart ist bereits alles perfekt und vollkommen angelegt, was durch dich verwirklicht und zum Ausdruck kommen soll. Auf unserer Bewusstseinsreise des Lebens geht es um die Rückerinnerung, dass wir göttliche Wesen sind, die eine physische Erfahrung machen. Unsere ICH BIN-Gegenwart ist ein Teil und Funke des Schöpfers, von Gott, von Allem-was-ist oder wie du den Ursprung allen Seins auch benennen magst.

Die unermessliche Kraft des Schöpfers hat ein Universum von unvorstellbarer Größe und Welten voller Schönheit und Vollkommenheit erschaffen. Diese schöpferische Urkraft pulsiert als Lebenskraft in allem, was ist, so auch in uns Menschen. Kraft unseres Bewusstseins – unserer Gedanken und Gefühle – können wir uns mit dieser unermesslichen Energie verbinden und uns ihr kreatives Potential erschließen. Indem wir uns täglich vergegenwärtigen, ein Ausdruck der göttlichen Einheit zu sein, verbinden wir uns mit der allumfassenden Macht und lassen sie *durch* uns fließen.

Durch die Affirmation »Der göttliche Wille in mir geschehe«
versetzen wir uns augenblicklich in
Harmonie mit der göttlichen Macht und Kraft.

Aus dieser Harmonie heraus bringen wir mühelos all das hervor, was unserem Wesen entspricht, wofür wir aufgrund unseres einzigartigen Seins bestimmt sind und was wir uns selbst als Lebensaufgabe vorgenommen haben.

Jesus brachte mit den Worten »Der Vater und ich sind eins« zum Ausdruck, dass der Schöpfer und die Schöpfung eins sind. Wir sind also untrennbar mit dem geistigen Urprinzip verbunden. Und so besteht unsere vielleicht größte Lernaufgabe darin, diese göttliche Einheit anzuerkennen. Denn mit unserem freien Willen sind die Kräfte des Egos verbunden, welches ständig nach Identifikation in der materiellen Welt sucht. Es identifiziert sich mit unserem Körper oder mit den Rollen, die wir uns selbst zuschreiben, und hält damit die Illusion der Trennung aufrecht. Dadurch begrenzen wir jedoch den Fluss der kreativ-schöpferischen Energie in uns. Durch Meditation können wir uns jederzeit und überall in Schwingungsharmonie mit dieser allumfassenden Kraft bringen. Dazu dürfen wir auch die Engel um Unterstützung bitten. Sie dienen uns als Lichtbrücken zu Gott und lassen uns Energien des Lichtes und der Liebe zufließen, die unsere Schwingung anheben.

Mit Engeln meditieren

Engel und Erzengel sind wirkende Lichtkräfte. Sie haben die schöpferische Einheit des göttlichen Willens nie verlassen. In der Gegenwart der Engel fällt uns die Einstimmung auf unseren göttlichen Bewusstseinskern leichter, da sie ein starkes Schwingungsfeld der Einheit aufbauen. Wenn wir uns in der Meditation mit Engeln und Erzengeln verbinden, wird die Energie, die uns zufließt, um ein Vielfaches verstärkt, wodurch wir eine ganzheitliche Schwingungserhöhung erfahren.

Du kannst dich in der Meditation mit deinem Schutzengel und deiner geistigen Führung verbinden oder dich auf einen Erzengel einstimmen und um seine Unterstützung bitten. Die Verbindung zu deiner geistigen Führung stellt sicher, dass dein Energiefeld gestärkt und geschützt wird, während die machtvolle Erzengelpräsenz dich mit starken Lichtströmen versorgt, so als würdest du unter einem Lichtkegel stehen. Durch die Verbindung mit den Engeln verstärkt sich die Kraft deines Energiefeldes. Deine Gedanken und Gefühle richten sich auf Licht und Liebe und damit positiv aus. Durch diese geistige Ausrichtung werden sich vermehrt Fügungen in deinem Leben einstellen, und wie von selbst wirst du mit Menschen zusammengeführt und in Situationen kommen, die dich auf deinem Lebensweg voranbringen.

Ich selbst durfte erfahren, wie sich durch die liebevolle Begleitung der Engel mein kreatives Potential in meinem Leben aktivierte. Als mein Seelenpartner und ich vor einigen Jahren begannen, ein spirituelles Magazin herauszugeben, hatten wir beide keinerlei Vorkenntnisse auf diesem Gebiet. Wir erlebten viele Fügungen, und so gelang es uns, in kurzer Zeit einen Magazinbetrieb aufzubauen, den wir vier Jahre lang erfolgreich führten. Es gab natürlich auch einige Herausforderungen und Hürden zu meistern, doch auch daran sind wir gewachsen. Nebenbei hatte ich, einem Impuls folgend, begonnen, Engelbilder zu malen, aus denen dann mein erstes Engelkartenset entstand. So wurde auch das Malen, das ich schon in meiner Kindheit liebte, zum Teil meiner spirituellen Berufung, was mich zutiefst erfüllt. Ohne die liebevolle Unterstützung der Engel hätte ich mich wohl nie an ein so umfangreiches Magazin-Projekt herangewagt. Heute kann ich aus gelebter Erfahrung sagen, dass die Engel uns ganzheitlich in unserem Entwicklungspotential wahrnehmen und unser Wachstum optimal fördern. Es lohnt sich also, auf ihre Zeichen und Impulse zu achten.

Verbindung mit deiner ICH BIN-Gegenwart

Um dich tiefer mit der kreativen Quelle deines Seins zu verbinden, folgt nun eine Einstimmungsmeditation. Diese kannst du jeden Morgen und / oder Abend durchführen, um dich in Schwingungsharmonie mit deinem göttlichen Kern und der kreativen Energie zu versetzen:

> *Setze dich an einen ruhigen Ort, wo du für ungefähr zwanzig Minuten ungestört bist. Stelle beide Beine fest auf den Boden, damit du gut geerdet bist, und lege deine Hände mit den nach oben geöffneten Handflächen locker auf deine Oberschenkel.*
>
> *Nimm drei bewusste Atemzüge und lass deinen Atem ruhig ein- und ausfließen. Der Strom deines Atems führt dich immer tiefer in eine wohltuende Ruhe und Entspannung. Lade nun deinen Atemstrom mit den Gedankenenergien »ICH BIN Liebe, ICH BIN Licht, ICH BIN Frieden, ICH BIN Heil« auf. Lasse dich von diesen Wortschwingungen über deinen Atem ganz erfüllen. Immer wenn Tagesgedanken auftauchen, lenke deine Aufmerksamkeit wieder auf den Atemstrom zurück. So bist du augenblicklich wieder entspannt im Hier und Jetzt. Öffne mit einem weiteren tiefen Atemzug dein Herzzentrum und spüre, wie du über die Liebe deines Herzens mit allem verbunden bist.*

MEDITATION

Stelle dir nun in der Mitte deines Seins eine hell schimmernde, weißgoldene Lichtkugel vor. Diese Lichtkugel ist deine ICH BIN-Gegenwart. Mit jedem Atemzug dehnt sich die Lichtkugel weiter in dir aus und aus ihrem Kern verströmt sich wellenförmig die Energie der Ruhe, der Harmonie und der Einheit in deinen physischen Körper und in deine Aura. So wirst du angefüllt mit wohltuenden Schwingungen der Ruhe und Gelassenheit. Bleibe so lange, wie du magst, in dieser Schwingungsharmonie und genieße es, innerlich ganz still und ruhig zu werden und dich von göttlicher Energie erfüllen zu lassen.

Wenn du die Meditation beenden möchtest, atme einige Male tief ein und aus. Kehre mit deinem Bewusstsein zurück in deinen physischen Körper, bewege sanft deine Hände und Füße und sei wieder ganz präsent im Hier und Jetzt.

Diese Übung ist eine wunderbare Meditation, die dein Wesen in seiner Ganzheitlichkeit anspricht und deine Gedanken und Gefühle auf deinen wahren, göttlichen Kern ausrichtet. Es braucht regelmäßige Übung, damit du dich immer tiefer mit der Schwingung der ICH BIN-Gegenwart verbinden kannst. Doch mit jedem Mal stärkst du den lichtvollen Resonanzboden in dir und trittst mit der Quelle allen Seins in Verbindung. Dein ICH BIN ist ein Funke aus dem Bewusstseinsmeer der Einheit. Über das kosmische Resonanzgesetz setzt du dich durch diese Einstimmung mit der allumfassenden Macht und kreativen Kraft in harmonische Verbindung.

Ich habe schon häufig erleben dürfen, dass ich während dieser Meditation den klaren Impuls für mein nächstes Projekt empfing und sich im Anschluss daran die weiteren Umsetzungsschritte dann wunderbar fügten.

Das Wesen der Kreativität

Aus der Urquelle allen Seins fließend wirkt sie als Lebenskraft in allem, was existiert. In einer Meditation sah ich das Bild einer sprudelnden Quelle, aus der rein und klar das Wasser hervortrat und sich ins Tal ergoss. Ohne Wasser wäre kein Leben auf unserem Planeten möglich, denn es macht die Erde, die Wiesen und Weiden, erst fruchtbar. Wenn sich allerdings Äste und Blattwerk an der Quelle oder im Flussbett sammeln, wird das Fließen erschwert oder sogar blockiert. Doch die Kraft des Wassers ist stark und so wird es sich neue Flussarme bahnen und weiterfließen.

Kreativität ist eine göttliche Energie, die sich fortwährend verströmt und nach Ausdruck strebt.

Eine solche Quelle der Kraft und Inspiration liegt in jedem Menschen. Es ist unser ICH BIN, der göttliche Funke in uns. Unser ICH BIN ist wie ein Brunnen, der an das göttliche Urmeer angeschlossen ist. Wir schöpfen aus dieser Quelle neue Bewusstseinsfunken, die unser Denken inspirieren und dadurch positive Gefühle und kraftvolle Taten erblühen lassen. Unaufhörlich sprudelt aus unserem ICH BIN die schöpferisch-kreative Energie der Weisheit und Liebe hervor. Je weiter wir uns dieser Quelle öffnen, desto kraftvoller wird der Strom, der sich aus ihr ergießt. Die Quelle kann nicht versiegen, da sie aus dem Herzen des All-Einen gespeist wird. Indem wir aus unserer inneren Quelle schöpfen, fließt der Strom der Inspiration und Energie unaufhörlich nach. Er erfüllt unser eigenes Leben und befruchtet auch unser Umfeld mit sprudelnder Lebensenergie.

Das Fließen der Kreativität ist also ein naturgegebener Zustand. Es ist die Kraft der Selbst-Verwirklichung, die unser Potential Schritt für Schritt erblühen lässt. Wir selbst sind es, die uns durch Blockaden begrenzen oder von diesem Fluss abschneiden. Es kommt dann zu Stauungen unserer kreativen Kraft, so wie es im Meditationsbild durch die Äste und Blätter im Flussbett symbolisiert wurde. Die Blockaden sind Glaubensmuster, die wir in unserem Unterbewusstsein aus früheren Erfahrungen verankert haben, zum Beispiel in Form von Ängsten, Zweifeln oder Unsicherheiten. Diese negativen Gefühle werden zu Barrieren in unserem ganzheitlichen Energiefluss. Sie wirken sich zunächst in unserem seelischen Befinden aus und können sich langfristig auch körperlich manifestieren. Wir sollten uns also immer wieder auf die Quelle in unserem Inneren einstimmen und unsere Kanäle mit Hilfe von Meditation klar und rein halten.

Empfangskanäle der Seele: Inspiration – Intuition – Imagination

Jeder Mensch ist ein Kanal des Lichtes und besitzt eine eigene, unverwechselbare Art und Weise, sich der kreativen Energie zu öffnen und die geistigen Impulse zu empfangen. Entscheidend dafür ist, über welchen Wahrnehmungskanal und damit im Zusammenhang stehenden Chakra wir am meisten sensibilisiert sind. So lassen sich drei Hauptübertragungskanäle für die kreative Energie unterscheiden: die Inspiration, die Intuition und die Imagination.

Als **Inspiration** bezeichnen wir die Eingebungen, die uns unmittelbar in unserem Geist und Bewusstsein erreichen. Hierfür ist unser Kronenchakra der Empfangskanal. Die Inspirationsfunken leuchten wie Geistesblitze in unserem Bewusstsein auf und wir empfangen unmittelbar eine klare Idee. Kennzeichnend für die Inspiration ist, dass sie nicht über unsere bewussten Denkvorgänge läuft. Durch übermäßiges Nachdenken blockieren wir diesen Empfangskanal sogar. Häufig stellt sich eine Inspiration ein, wenn wir mit einer alltäglichen Routinearbeit beschäftigt sind, die nicht unsere bewusste Konzentration beansprucht. Oder wenn wir unseren Verstand durch Meditation beruhigen, so dass der Geist wieder weit und frei wird.

Kreativität kann man nicht aufbrauchen.
Je mehr man sich ihrer bedient, desto mehr hat man.
MAYA ANGELOU

Inspiration ist wie die Befruchtung einer Blüte, die anschließenden Denk- und Arbeitsprozesse bringen dann neue Früchte hervor.

Bei der **Intuition** fließt die kreative Energie mehr über unser Gefühl. Wir haben eine unmittelbare Einschätzung, ein klares Gefühl zu einer Situation, ohne dies rational begründen zu können. Der Intuition wird auch das spontane Bauchgefühl zugeordnet und somit ist neben dem Herzchakra der Solarplexus Empfangskanal für diese kreative Kraft. Wir können unsere Intuition trainieren, indem wir in Situationen oder bei Entscheidungen auf unser spontanes Gefühl und den ersten Gedanken dazu achten. Häufig übergehen wir diese leisen, aber klaren Signale. Je häufiger wir aber dieser intuitiven Wahrnehmung folgen, desto mehr werden wir feststellen, gut damit beraten zu sein. Aus der positiven Erfahrung baut sich immer mehr Vertrauen in diese innere Kraft auf.

Imagination ist die Fähigkeit, klare, innere Bilder zu empfangen. Im Gegensatz zur Visualisierung, bei der wir uns bewusst Bilder vor unser inneres Auge rufen, steigen bei der Imagination die Bilder aus unseren tieferen Seelenschichten auf und sind als Sprache der Seele zu verstehen. Diese Kraft kommt beim Träumen wie auch in der Hypnotherapie und Meditation zum Tragen. Der Empfangskanal der Imagination ist das Dritte Auge. Es lässt sich sehr gut in der Meditation trainieren. Rufe dir dazu eine Frage oder Situation ins Bewusstsein. Schließe dann die Augen und stelle dir zur Aktivierung kurz ein Licht an der Nasenwurzel zwischen den Augenbrauen vor. Dann blicke mit geschlossenen Augen weit über die Augenlider hinaus und fixiere einen gedachten Punkt in der Ferne. Ähnlich wie beim Träumen werden mit der Zeit und Übung geistige Bilder auftauchen, manchmal nur ein Symbol oder eine kurze Bildersequenz. All diese Phänomene sprechen unmittelbar aus unserer Seelenweisheit, welche die Situation ganzheitlich erfasst. So kann uns ein Bild oft schon Aufschluss oder Entscheidungshilfe geben. Sollte seine Aussage für dich unklar sein, dann bitte in der Meditation um ein weiteres Bild, bis sich dir die Bedeutung des Gesehenen erschließt.

Über welchen dieser Kanäle du zentriert bist, erfährst du am besten durch Übung und Selbstbeobachtung. Vielleicht hast du dich bereits beim Lesen in einer Beschreibung wiedergefunden. Durch Übung wird der Zugang zu deinem Höheren Selbst, zu deiner geistigen Führung und zu deinem Schutzengel gestärkt und ausgebaut. Je selbstverständlicher du diesen Zugang in deinem Alltag nutzt, desto klarer werden sich die Impulse und Eingebungen einstellen.

Die göttlichen Aspekte der kreativen Energie

Die kreative Energie ist eine Urkraft, die auf allen Ebenen unseres Seins zum Ausdruck kommt. Gemäß der Einheit von Körper, Seele und Geist kann die kreative Energie in drei wesentliche Aspekte untergliedert werden:

Die **schöpferische Kraft** kommt auf der körperlichen Ebene als Lebenskraft zum Ausdruck. Die Lebenskraft steuert und erhält alle körperlichen Funktionen bis hin zu der Fähigkeit, Leben zu zeugen und zu gebären. Mit Hilfe der schöpferischen Kraft gestalten wir Formen und Körper in der sichtbaren Welt, sei es durch die Geburt eines Kindes, in Form von Projekten, die wir ins Leben rufen, oder künstlerischen Ausdrucksformen und Gestaltungen. Die Lebenskraft lässt uns die kreative Energie auf körperlicher Ebene erfahren. Sie ist sozusagen die Manifestationsstufe in der materiellen Welt.

Weiterhin drückt sich die kreative Energie als allumfassende **Liebe** in der Gefühlskraft unserer Seele aus. Damit ist die Fähigkeit gemeint, Liebe und Mitgefühl zu empfinden und uns berühren zu lassen. Durch diese Kraft sind wir fähig, die Schönheit und Vollkommenheit der Schöpfung als göttlichen Ausdruck zu empfinden und wahrzunehmen. Durch die Liebe verleihen wir allem, was wir erschaffen, Seele. Wenn wir unsere Tätigkeiten mit Liebe ausführen, lassen wir uns von der kreativen Kraft durchströmen und inspirieren. Diese Energie fließt dann in unsere Handlungen ein und hebt sie auf eine höhere Schwingungsebene. In der Kraft des beseelten Tuns werden wir tiefere Erfüllung erfahren und harmonische Ergebnisse bekommen.

Die höchste Ebene der kreativen Kraft ist die **Weisheit**, die sich in der Erkenntniskraft unseres Geistes offenbart. Es ist die Fähigkeit, die universalen Gesetze und Zusammenhänge des Lebens zu erfassen und zur Anwendung zu bringen. Damit stellt sie die höchste Ebene der Schöpferkraft dar. Weisheit und Erkenntnis öffnen die Tore des Geistes, so dass wir uns unseres wahren göttlichen Seins *bewusst* werden. Selbsterkenntnis ist die höchste Fähigkeit im Menschen, denn in ihr leuchtet das kosmische Bewusstsein auf. Der Geist stellt die ruhende Kraft des Bewusstseins dar, während unsere Gedanken die bewegte Kraft des Bewusstseins sind. Denken ist somit ein schöpferischer Prozess und die Art unserer Gedanken bestimmt die Qualität unserer Erfahrungen.

Erst wenn wir alle drei Kräfte bündeln, bringen wir die höchste Ebene der Schöpferkraft und Kreativität zum Ausdruck. Dann sind unsere Gedanken von Weisheit erfüllt, die stets das Beste für uns und alle Beteiligten hervorbringen. Unsere Gedanken bestimmen wiederum unsere Gefühle und so wird die tiefe Liebe in uns zu allem Seienden erweckt und fließt als beseelende Kraft in unsere Handlungen ein. Daraus entstehen fruchtbare Taten, die nicht nur uns, sondern allem Seienden dienen.

Aspekt der kreativen Energie	Zuordnung der kreativen Energie	Ausdruck der kreativen Energie	Zugang zur kreativen Energie
Schöpferische Kraft	Körper	Lebenskraft	Wurzelchakra und Sakralchakra
Liebe	Seele	Gefühlskraft	Sonnengeflecht, Herzchakra und Halschakra
Weisheit	Geist	Erkenntniskraft	Drittes Auge und Kronenchakra

Dein Ausdruckswesen erwacht

Geliebtes Seelenwesen im menschlichen Kleid, ich grüße dich aus den Sphären des Lichtes mit dem Strom meiner Liebesfunken, die in dein weit geöffnetes Herz fließen. Atme meine Schwingung mit einigen Atemzügen tief ein, um dich im Kern deiner ewigen Seele berühren zu lassen. ICH BIN ein namenloses Lichtwesen aus der ewigen Quelle der Liebe. ICH BIN verankert in den Liebespolen des Universums, aus dem in unendlichen Strömen der Liebe die Energie des All-Einen in alle Dimensionen fließt. So auch auf euren Planeten Erde, der sich derzeit in einer wunderbaren Erneuerung und Auferstehung befindet. Viele Lichtkräfte, Engel, Erzengel und Aufgestiegene Meister begleiten diesen Schöpfungsprozess aus Licht und Liebe. Verbinde dich mit meinen Energien, indem du dein Herz auf die Liebespole im Universum ausrichtest und empfange dankbar die kosmische Inspiration, die dir aus diesen Quellen zufließt. Denn du, liebes Seelenwesen, bist geboren aus diesem Licht und dieser Liebe. Wenn du es dir gestattest, dich mit meinen Energien erfüllen zu lassen, wird dein Herz auf die Liebespole eingestimmt und schwingt im Gleichklang und ewigen Takt mit der Liebe und der Lichtheimat deines Wesens. So darf es geschehen, dass eine tiefe Erinnerung in dir geweckt wird, was deine Seele auf Erden im ewigen Gesang der Schöpfung erklingen lassen möchte. Und so berühre ich dich tief im Ausdruckswesen deines Seelenselbst. Atme meine Liebeskraft in alle Bewusstseinsebenen und Zellen deines Seins.

Gott zum Gruße

Jede Seele trägt den schöpferischen Funken des ICH BIN in ihrem Innern. Er ist es, der den Impuls für alle Entwicklungsprozesse gibt. Wie ein Herzschlag der Seele taktet die ICH BIN-Gegenwart unsere persönlichen Wachstumsprozesse und inspiriert uns dabei, wie wir unser Seelenpotential zum Ausdruck bringen können. Die Seele, welche diesen göttlichen Funken des ICH BIN umhüllt, ist das Ausdruckswesen unseres Seins. Sie strebt nach Weiterentwicklung und Verwirklichung unseres Potentials. Während der Geist seiner Natur nach eine ruhende Kraft ist, wird er durch das Verlangen und Wollen der Seelenkraft in Bewegung versetzt. Sie ist es, die uns nach Ausdehnung und Selbstverwirklichung streben lässt, auf dass wir unser wahres Wesen erkennen und leben.

Unsere Seele weiß genau, was wir uns für dieses Leben vorgenommen haben. In ihr liegen unsere tiefen Gefühle, Vorlieben und Interessen aus diesen und früheren Leben verborgen. Sie sendet uns fortwährend Impulse, damit wir unseren Herzensweg erkennen und ihn mutig gehen. Wenn wir Tätigkeiten ausüben, die unserem tiefsten Wesen entsprechen, empfinden wir Gefühle des Glücks und der tiefen Erfüllung. Und unsere Seele bestärkt uns darin, denn indem uns etwas leicht fällt und mit Freude erfüllt, fassen wir den Mut, alles, was in uns liegt, zu leben und umzusetzen. Freude und Begeisterung sind die stärksten Signale unserer Seele. Sie zeigen uns an, dass wir uns in Übereinstimmung mit unserem wahren Wesen und unseren Talenten befinden.

> *Das Feuer, das du in anderen entfachen willst, muss in dir selber brennen.*
> AUGUSTINUS

Es spielt keine Rolle, wie sehr wir uns schon in den Gewohnheiten unseres Alltags oder den Beschränkungen des Verstandes eingerichtet haben mögen, unsere Seele wird uns immer wieder zu Wachstum und Veränderung aufrufen. Sie ist die Kraft in uns, die nach Ausdruck, Entwicklung und Sinn im Leben strebt. Lausche also der Sprache deiner Gefühle und der Stimme deines Herzens, damit du dich selbst und deine wahren Talente erkennen kannst. Sicherlich hast du schon einmal erlebt, wie dir unermessliche Kraft zuwuchs, als dein wahres Interesse geweckt wurde und du von einer Sache oder Idee ganz beseelt warst. Mit Leichtigkeit hast du alle Wissensinhalte aufgenommen und bist im Tun vollkommen aufgeblüht. In diesen Momenten warst du mit deinem Seelenpotential verbunden und fühltest dich im Tun wie von einer unendlichen Kraft getragen. Um deinen Talenten auf die Spur zu kommen, frage dich also, was dich wirklich begeistert und was dein Herz zum Singen bringt. In diesen Tätigkeiten und Bereichen wirst du die größten Erfolge erzielen können, da du deine Aufgaben mit Liebe und Begeisterung erfüllst und deswegen dein Bestes gibst. Begeisterung ist eine magische Kraft, die dich gänzlich in eine Sache oder Situation eintauchen lässt. Sie versprüht sich wie ein kreativer Funkenflug und weckt die authentische Ausdruckskraft deines Wesens.

*Wir sind als geistige Wesen in dieses Leben gekommen,
um uns als Mitschöpfer zu erfahren,
indem wir einen Aspekt des Himmels auf die Erde bringen.*

Die Einstimmung auf unser inneres Sein hilft uns, zu unserem ureigenen Ausdruck zu finden – zur *schöpferischen Aktion* unseres Wesens. Inspiration ist wie das Einatmen der Seele, wir lassen uns gänzlich vom göttlichen Geist erfüllen. So entsteht eine tiefe Berührung, ein Seeleneindruck, der jedem inspirierten und kreativen Handeln vorausgeht. Wahre Inspiration kommt immer aus der Stille. In ihr kann unser Geist neue Ideen und Inspirationen empfangen, welche das Feuer der Begeisterung in unserer Seele entfachen. Diese innere Kraft, von einer Erkenntnis oder Idee beseelt zu sein, trägt uns dann über alle Hürden und Hindernisse der Umsetzung hinweg. Es setzt die kreativ-schöpferische Energie in uns frei, die durch uns wirkt und uns zu neuen Taten beflügelt.

Um mit unserem wahren Wesen in Verbindung kommen zu können, ist es hilfreich, uns regelmäßig in die Stille unseres Seins zu versenken. Hierfür sind täglich einige Minuten der Meditation ausreichend, in denen wir auf unseren Atemstrom achten und unseren Geist weit und frei werden lassen. Während wir unsere äußeren Sinne nach innen lenken, öffnen sich die Chakras – die Energietore unserer Seele. Durch deren Öffnung sind wir in der Lage, mehr kosmische Energie aufzunehmen, die uns ganzheitlich stärkt. Auch unser physischer Körper wird durch diese feinstoffliche Lebensenergie versorgt und vitalisiert. Die meditative Entspannung und geistige Entgrenzung bewirkt eine ganzheitliche Erfrischung. Wir schöpfen neue Kraft und nehmen geistige Bewusstseinsfunken auf, die unser Denken, Fühlen und Handeln inspirieren. Je öfter wir so in unsere wahre Essenz eintauchen, desto stärker erwachen die Entfaltungs- und Befreiungskräfte unserer Seele. Von dieser Seelenkraft getragen, bringen wir unser wahres Sein und unsere naturgegebenen Talente mehr und mehr zum Ausdruck.

Meditation zur Klärung der Chakras

Die folgende Meditation ist sehr wirksam, um dich mit deiner Seelenkraft zu verbinden. Immer wenn du dich zentrierst und dich dem kosmischen Energiestrom öffnest, findet eine Klärung deiner Energiekörper und der Chakras statt. Bediene dich dabei deiner Vorstellungskraft, um dem sanften Fluss der Energie durch die Chakras zu folgen, ohne jedoch dabei etwas forcieren zu wollen. Deine geistige Führung sowie dein Schutzengel sind bei jeder Einstimmung zugegen und wachen über das feinstoffliche Geschehen. Dadurch können sich alle Öffnungen und Erweiterungen in deinem feinstofflichen System in dem Maße vollziehen, wie es deiner Entwicklung förderlich und zuträglich ist.

Mit dieser Einstimmungsübung wirst du erleben, wie sich deine körpereigene Schwingung kontinuierlich anhebt. Je mehr Energie und Licht wir in uns aufnehmen und kanalisieren können, desto mehr Bewusstheit erlangen wir.

Mache es dir in deiner Meditationshaltung bequem und tauche mit deinem Atem in den Entspannungsstrom ein, der deinen ganzen Körper durchfließt. Mit jedem Atemzug versinkst du tiefer und tiefer in eine wohltuende Ruhe und Entspannung.

Öffne mit dem nächsten tiefen Atemzug alle Chakras deines Körpers ganz weit. Nun tauche mit deinem Bewusstsein in deine Füße ein und stelle dir vor, wie durch deine weit geöffneten Fußenergiezentren goldene Lichtwurzeln weit in den Boden ragen und dich tief verwurzeln und verankern.

Über deine Fußenergiezentren strömt rubinrotgoldenes Licht in deine Beine und füllt deinen Rumpf an. Das rubinrotgoldene Licht reinigt dein Wurzelchakra und aktiviert sanft den Strom der Kundalini-Energie, der reinen Lebenskraft in dir.

Der Energiestrom steigt sanft die Wirbelsäule entlang aufwärts und füllt deinen Unterleib mit leuchtend orangefarbener Energie an. Dein Sakralchakra wird aktiviert und geklärt, so dass dich neue Vitalität und Frische durchströmen.

Wieder fließt der Energiestrom die Wirbelsäule entlang weiter hinauf ins Sonnengeflecht, dem Energierad deines Wesens. Goldgelbes Licht reinigt dein Sonnengeflecht, so dass die Urenergie deines Wesens sich kraftvoll aus deinem Sonnengeflecht wie in tausend Lichtfunken verströmt. Spüre deine Schöpfermacht und Kraft, die sich wie ein gebündelter Strom aus den drei ersten Chakras in dir zentriert.

Nun steigt die Energie weiter aufwärts in dein Herzzentrum, das sich wie eine Blüte weit öffnet. Moosgrünes und rosarotfarbenes Licht pulsieren mit jedem Atemzug sanft in deinem Herzen. Du fühlst dich von einer unendlichen Liebesquelle umgeben und versorgt. Aus dieser inneren Fülle verströmt sich deine Liebe frei in deine Umgebung. Und so wird dein Herzchakra vom universellen Liebeslicht gereinigt und erweitert.

Der Energiestrom fließt weiter hinauf in dein Kommunikationszentrum. Hellblaues Licht durchströmt deinen Halsbereich und aktiviert dein Halschakra. Du spürst, wie sich die Ausdruckskraft deines Wesens sanft aktiviert. Das hellblaue Licht sorgt für eine wohlige Entspannung aller Muskeln und Sehnen in deinem Hals- und Nackenbereich.

Wieder fließt der Energiestrom weiter in deinen Kopf und berührt dein Drittes Auge. Leuchtend königsblaues Licht klärt und öffnet dein Drittes Auge und deine Vorstellungskraft aktiviert sich. Wie in einem Tagtraum ziehen innere Bilder an deinem Dritten Auge vor-

bei und du hast das Gefühl, in eine neue, innere Dimension deines Seins zu blicken.

Der Energiestrom steigt weiter hinauf bis an deinen Schädel und berührt in leuchtendem Violett dein Kronenchakra, das sich weit öffnet, um den Sternenregen der Inspiration zu empfangen. Der aufsteigende Energiestrom verbindet sich in dir mit den kosmischen Energien, die über dein Kronenchakra einströmen, zu einem leuchtenden Licht, das dich ganzheitlich einhüllt und dein Bewusstsein erhellt und erweitert.

Alle deine Chakras haben sich nun weit geöffnet und geklärt und schwingen rund und harmonisch. Bleibe noch einige Augenblicke in der Kraft dieses Farbenergiefeldes, das dich mit allen Lichtessenzen stärkt und anfüllt, die du momentan benötigst. – Pause –

Dann bitte deinen Schutzengel, deine Chakras wieder der Schwingung deines Tagesbewusstseins anzupassen, und kehre mit einigen tiefen Atemzügen erfrischt ins Hier und Jetzt zurück.

Die Herzensbibliothek – Alle Weisheit liegt in dir

Aus der Quelle des Lichtes und der Liebe begrüße und berühre ich dich in deinem weit geöffneten Herzen und Bewusstsein, Anael spricht. Geliebtes Lichtkind, erinnere dich, wer du in Wirklichkeit bist. Du bist ein Funke aus dem göttlichen Liebesfeuer, das in allem, was ist, lodert. Als Geist vom Geiste trägst du alle Weisheit und alles Wissen in dir. Und so tauche ein in die Quelle deines Herzens und eröffne dir den Zugang zu deinem inneren Wissen. Alle Antworten liegen in dir. Und so begib dich in die Stille deines Herzens, um der weisen Stimme des Göttlichen in dir zu lauschen. Bitte – und so wird dir gegeben. Dies ist das himmlische Versprechen an dich, dass sich dir alle Weisheit offenbaren will, wenn du nur danach fragst. Dein Durst nach Erkenntnis und dein tiefer Wunsch nach Verstehen sollen aus dem Brunnen deiner Einsicht gestillt werden. Und so gehe zur Quelle des ICH BIN in dir und danke für alle Erkenntnisse, die du schon erhalten hast und noch erhalten wirst. Schöpfe aus deiner inneren Weisheit und mache sie der Welt zum Geschenk. Der Segen meines Liebeslichtes erhellt dein Herz und hüllt dich ein.

Gott zum Gruße

In der spirituellen Entwicklung ist unser Herzenergiezentrum ein zentrales Chakra. Es bildet die Mitte zwischen den drei unteren, körperlich ausgerichteten Energiezentren – dem Wurzelchakra, Sakralchakra und Sonnengeflecht – sowie den drei oberen, geistig ausgerichteten Chakras – dem Kommunikationszentrum (Halschakra), Dritten Auge und Kronenchakra. Im Herzen fließen die geistigen und körperlichen Kräfte zusammen und bilden die Kraft der seelischen Mitte. Je weiter das Herz geöffnet ist, desto stärker entfalten sich die überpersönlichen Liebeskräfte des Mitgefühls, der bedingungslosen Liebe und der Herzensweisheit. Unser Herzenergiezentrum ist tatsächlich ein sehr feines Wahrnehmungsorgan. Wenn es heißt: »Lausche der Stimme deines Herzens«, ist damit ein tiefes Gefühl der Stimmigkeit gemeint, das sich einstellt, wenn sich Dinge oder Ereignisse in Resonanz mit deinem Wesen befinden. Du fühlst dich wohl, erfüllt und glücklich. Unser Herzchakra ist somit ein feinfühliges Organ, das uns den Zugang zu den Lichtebenen voller Weisheit und Liebe eröffnet.

In diesen Lichtebenen sind die Engel beheimatet, die gleichsam als Lichtbrücken zwischen der göttlichen Quelle und uns Menschen dienen. Sie versorgen uns mit Energien und Impulsen, die unsere Entwicklung fördern und bringen uns mit der kosmischen Liebesquelle des All-Einen in Verbindung. Die meisten Menschen nehmen die Engel über ihr Herz wahr und empfangen ihre Botschaften und Impulse als

*Man sieht nur mit dem Herzen gut.
Das Wesentliche ist für die Augen unsichtbar.*
ANTOINE DE SAINT-EXUPÉRY

ein Gefühl der Berührung, der Freude oder der inneren Gewissheit. Um den Kontakt herzustellen, müssen wir uns nach innen wenden und auch unsere Sinnesorgane auf die feinen Wahrnehmungsebenen einstimmen. So lehren uns die Engel im wahrsten Sinne des Wortes die Ver-Inner-lichung, die Hinwendung an unser inneres Wissen. Dieses Wissen ist gespeist aus den Erfahrungen unserer früheren Leben, an die wir uns nicht im Einzelnen erinnern müssen. Die Essenz aus diesen Erfahrungen hat zu innerem Wachstum und zur Bewusstseinserweiterung geführt und ist in unsere Seele eingewoben.

Wenn wir uns mit dem Wunsch um Erkenntnis dafür öffnen, können wir aus dieser universellen Liebes- und Weisheitsquelle alle Inspiration empfangen.

Und so ist unser Herzzentrum sowohl ein Lichttor zu unserem persönlichen Erfahrungsschatz als auch zur universellen Weisheit.

Einen Teil dieser universellen Weisheitsquelle bildet die so genannte Akasha-Chronik. Sie stellt das universelle Weltengedächtnis dar und ist ein kosmischer Speicher unendlichen Wissens. In ihrer feinstofflichen Essenz sind alle Gedanken, Gefühle und Emotionen der Menschen über alle Zeitalter hinweg eingraviert. Unser menschlicher Körper ist ein ebensolcher Speicher unendlichen Wissens. Die DNA einer einzigen menschlichen Zelle enthält soviel Speicherkapazität, wie 1.000 Bücher mit je 600 Seiten fassen können. Mit unserem Verstand können wir kaum ermessen, welch unendliche Weisheit und Körperintelligenz in uns liegt. Wie oft suchen wir im Außen nach Antworten auf unsere Fragen. Die Engel lehren uns, dass alle Antworten und alles Wissen in uns liegen. Indem wir uns dem Schatz der Weisheit in uns öffnen, wird uns das Geschenk zuteil, innere Führung zu erhalten. Es bedarf nicht nur der Hingabe, sich von jener inneren Weisheit führen zu lassen, sondern auch des Vertrauens, den Seelenimpulsen zu folgen.

Mit jeder Meditation üben wir Hingabe, indem wir uns einer ganzheitlichen Wahrnehmung öffnen. In ihr liegt die Kraft, den Geist zur Ruhe zu bringen und unseren persönlichen Willen den Entwicklungszielen der Seele zu unterstellen. In unserer Gesellschaft und den Erziehungssystemen werden wir sehr auf den Gebrauch der linken Gehirnhälfte mit ihren logischen und rationalen Fähigkeiten trainiert. Dies sind auch die Eigenschaften des Verstandes, der aus den Erfahrungen der Vergangenheit schöpft und beurteilen, kalkulieren und planen will. Der Verstand ist ein guter Diener, wenn wir uns in Raum und Zeit orientieren und unsere Vorhaben umsetzen wollen. Wird er jedoch zu dominant, zieht er unsere Aufmerksamkeit aus der Kraft der Gegenwart ab. Aus den Beurteilungen des Erlebten konstruiert unser Verstand nämlich Ängste und Sorgen bezüglich

der Zukunft. Auf diese Weise blockiert er uns darin, dass wir den Augenblick wach erfassen und uns der schöpferischen Quelle in uns öffnen können.

Wann immer du dir unfruchtbarer Gedanken bewusst wirst, konzentriere dich auf deinen Atem und sammele deine Aufmerksamkeit im Hier und Jetzt. Rufe deinen Schutzengel an deine Seite und bitte ihn, den Strom deiner Aufmerksamkeit mit seiner Energie zu verstärken. Indem du ganz präsent in der Gegenwart bist, öffnest du den Herzenskanal zu deiner Intuition und zu deinem inneren Wissen.

Meditation: Reise in deine Herzensweisheit

Um den Zugang zu deiner Herzensweisheit zu verstärken, laden dich die Engel zu der folgenden Meditation ein. Wenn dich momentan eine Frage in deinem Leben beschäftigt, so kannst du diese Meditation dazu nutzen, die Frage mit in dein weises Herz zu nehmen. Auf diese Weise öffnest du dich für Führung und Antworten von innen.

Setze oder lege dich bequem hin und lasse deinen Atem ruhig und gleichmäßig fließen. Mit jedem Ausatmen entspannst du dich tiefer und tiefer und lässt alle Tagesgedanken sanft dahinziehen. Mit dem nächsten tiefen Atemzug öffnen sich deine Energiezentren ganz weit und der Strom deines Atems führt dich immer tiefer hinein in deine Seelenschichten und in dein hell strahlendes, göttliches ICH BIN. Alle deine Energiezentren sind weit geöffnet und du tauchst mit deinem geistigen Wesen, das du bist, über dein weit geöffnetes Herz in deinen Herzensraum ein.

Angekommen in deinem Herzensraum, umfangen dich die wohl vertrauten Schwingungen deines Schutzengels und hüllen dich in tiefes Vertrauen, Ruhe und Gelassenheit ein. Und während du immer mehr und mehr in deinem Herzensraum ankommst, nimmst du wahr, wie dein Schutzengel dich an deine feinstoffliche Hand nimmt und an eine große alte Tür heranführt, auf der in Großbuchstaben HERZENSWEISHEIT steht. Und so öffnest du in Begleitung deines

Schutzengels mit der Herzenskraft der Liebe diese Tür und trittst in einen lichtdurchfluteten Raum ein.

Der Raum ist angefüllt mit leuchtend goldgelber Energie. Lass dir einen Moment Zeit, um mit deinem Bewusstsein ganz in diesen inneren Raum einzutauchen, der sich dir als eine alte Bibliothek zeigt. Du stehst inmitten von hohen, wunderschön verzierten Regalen, die mit unzähligen Büchern angefüllt sind. Durch die Fenster dieses Raumes fällt das Licht in hellen Strahlen auf den Boden und erhellt den ganzen Raum.

Dein Schutzengel tritt nun an dich heran und berührt dich mit seiner feinstofflichen Hand an deinem Herzenergiezentrum. Wellen der liebenden Energie durchfluten dich. Und so darf es in dieser weiten Seelenöffnung geschehen, dass eine Herzensfrage aus deinem Inneren aufsteigt. Du richtest deine Herzensfrage an deinen Schutzengel und bleibst ganz zentriert in deinem fühlenden Herzen.

Und nun nimmt dich dein geistiger Freund an seine Hand und führt dich zielsicher durch den Raum an ein Regal, aus dem du intuitiv ein Buch herausgreifst. Vertraue deinem ersten Impuls. Nun hältst du ein Buch in der Hand und fühlst die tiefe Weisheit, die es ausstrahlt. Im Beisein deines Schutzengels schlägst du das Buch an einer Stelle auf und lässt deinen geistigen Blick auf die Seiten fallen. Vielleicht empfängst du ein inneres Bild, ein Wort oder einfach nur ein Gefühl. Lass dir Zeit, um die Weisheit in dieser tiefen Öffnung in dich einfließen zu lassen. – Pause –

In diesem Augenblick findet eine Verbindung mit deinem inneren Wissen und der göttlichen Weisheit statt. Und so nimmst du Lichtfrequenzen in dich auf, welche sich dir als Eingebung in diesem Augenblick oder zu einem späteren Zeitpunkt offenbaren werden. Vertraue deinen Wahrnehmungen und danke deinem Schutzengel für diese Offenbarung.

Du stellst das Buch an seinen Platz zurück und mit dem inneren Erkenntnisschatz verlässt du nun langsam wieder die Herzensbibliothek. Angekommen in deinem Herzensraum umfängt dich dein Schutzengel nochmals mit seinen vertrauten Energien und sorgt dafür, dass die Frequenz deiner Energiezentren wieder der Schwingung des Tagesbewusstseins angepasst wird. Und so gleitest du mit deinem Bewusstsein langsam zurück in deinen physischen Körper und in dein Tagesbewusstsein. Du bewegst sanft deine Hände und Füße, atmest einige Male tief ein und aus und bist wieder ganz präsent im Hier und Jetzt.

Führe diese Meditation durch, wenn dich eine konkrete Frage oder Lebenssituation beschäftigt, zu der du im Tagesbewusstsein keine Lösung findest. Mit jedem Mal wird sich der Zugang zu deiner Herzensweisheit vertiefen, so dass dir deine Intuition auch in deinem alltäglichen Leben stärker zugänglich ist.

Sollte unmittelbar in der Meditation keine Antwort auf dein Anliegen auftauchen, so vertraue dem energetischen Geschehen, dass sich dein Bewusstsein mit neuen Lichtfrequenzen anfüllt. Diese werden dann als Geistesblitz oder Impuls zur richtigen Zeit in deinem Tagesbewusstsein aufleuchten.

Träumerische Quellen

Unsere Träume stellen einen weiteren Zugang zur Weisheit unserer Seele dar. Sie sind wunderbare Quellen der Inspiration und Erneuerung. Während unser physischer Körper sich in der Nacht erholt, schläft unser Bewusstsein nie. Es taucht in den nächtlichen Reisen mit dem Astralkörper (unserem feinstofflichen Seelenkörper) in geistige Gefilde und Ebenen ein, in denen sich Geist und Seele erfrischen und mit neuen Impulsen versorgen. Dies geschieht in so genannten ätherischen Tempeln, in denen wir durch hoch entwickelte Lichtwesen und Engel geistige Schulungen erfahren, an die wir uns nach dem Erwachen meistens nicht bewusst erinnern. Wir nehmen jedoch die Erkenntnisse als stärkende Lichtessenzen über unseren Ätherkörper mit in unser Tagesbewusstsein und in unseren physischen Körper, der sich während der Schlafphase ebenfalls erholt hat.

Vielleicht ist es dir auch schon so ergangen, dass du für ein Problem die Lösung sozusagen über Nacht erhieltest. Nicht umsonst sagen wir bei wichtigen Entscheidungen intuitiv: Ich muss erstmal eine Nacht darüber schlafen. Denn gute und weise Entscheidungen treffen wir nicht allein mit unserem rationalen Verstand, sondern vielmehr mit Hilfe unserer Intuition, die viel weiter und umfassender blickt, als wir es momentan erfassen können. So kann es sein, dass wir am Morgen mit der Lösung für eine Fragestellung erwachen und ganz einfach *wissen,* was zu tun ist. Der Verstand kann für dieses Geschehen oftmals keine Erklärung finden. Doch das damit einhergehende Gefühl der Stimmigkeit und die daraus gewonnene Gewiss-

heit werden zur tragenden Kraft, die uns dann mit dieser im Schlaf gewonnenen Erkenntnis neue und mutige Schritte gehen lässt.

Ich habe schon oft erlebt, wie in meiner morgendlichen Meditation die Traumbilder wieder ins Bewusstsein traten, an die ich mich direkt nach dem Aufwachen gar nicht mehr erinnern konnte. In diesen Bildern ist eine tiefe Weisheit gespeichert. Statt die Traumbilder mit unserem Verstand analysieren zu wollen, sollten wir sie fühlend in unserer Seele nachklingen lassen.

Die Traumbilder sind wie eine archetypische Sprache, die deine Seele unmittelbar versteht.

Manchmal erlebe ich tagsüber Situationen, in denen ich innehalte und das Gefühl habe, genau diese Situation schon einmal geträumt zu haben. Dieses Phänomen bezeichnet man als Déjà-vu. Es sind Augenblicke, in denen die Zeit zu einem ewigen Jetzt verschmilzt und die uns die Einheit allen Seins fühlen lassen. In diesen Momenten öffnet sich der Kanal unserer Intuition und Wissen aus dem Höheren Selbst fließt uns zu.

Der bewusst denkende Verstand macht nur einen kleinen Teil unseres Bewusstseins aus. Den weitaus größeren Teil bilden unser Unterbewusstsein und unser Höheres Selbst. Dieser Zusammenhang wurde mir in einem Traum verdeutlicht:

Ich sah einen Eisberg ruhig im Wasser liegen und konnte sowohl die Spitze sehen, die aus dem Wasser herausragte, als auch den viel größeren Eiskörper, der unter der Wasseroberfläche schwamm. Im Traum hörte ich die Erklärung, dass die Spitze des Eisbergs unseren bewussten Verstand abbilde. Der untere Teil, der unter der Wasseroberfläche schwamm, entspreche unserem Unterbewusstsein. In Wirklichkeit mache dieser den größeren Teil des Ganzen aus, bliebe uns aber meistens verborgen. Eis und Schnee stehen in Traumbildern durch ihre Klarheit, Reinheit und Kühle für die Kraft des Geistes. Und der im Ozean schwimmende Eisberg ist ein wunderschönes Symbol dafür, wie wir mit unserem Bewusstsein eingebettet sind in das große Ganze, in das göttliche Urmeer der Einheit.

Unser Unterbewusstsein ist ein riesiger Erfahrungsspeicher, es »denkt« in Bildern und Symbolen. Im Traumgeschehen ist es sehr aktiv und projiziert Bilder und Empfindungen aus dem Tagesgeschehen oder den tieferen Seelenschichten auf die innere Leinwand unseres Geistes. Dies dient der Seele dazu, Eindrücke und Erfahrungen, die wir tagsüber gesammelt haben, nachts zu verarbeiten. Unser Unterbewusstsein ist wie eine Schnittstelle zu den höheren Seinsebenen und unserem Höheren Selbst. Über diese Verbindung können wir in unseren Träumen durch die Sprache der Bilder konkrete Inspiration und Führung erhalten.

Es gibt Naturvölker, die mit der Weisheit der Träume arbeiten und einen sehr tiefen und ursprünglichen Zugang zum Traumbewusstsein haben. Dort ist es Sitte, sich morgens zusammenzufinden und den Tag damit zu beginnen, sich gegenseitig seine Träume zu erzählen. Man hat festgestellt, dass es in diesen Stämmen ausgesprochen friedlich zugeht und es so gut wie keine Gewalt untereinander gibt. Das zeigt, wie viel wir über das Träumen tatsächlich verarbeiten und erlösen und wie es gleichzeitig auch unsere Seele nährt.

Unser Traumbewusstsein lässt sich schulen, so dass wir die Träume bewusst als kreative Quellen der Inspiration nutzen können. Luzides Träumen ist die Fähigkeit, sich im Traum des Träumens bewusst zu werden, sozusagen im Traum zu erwachen. Dadurch kann der Träumer durch bewusste Entscheidungen auf das Traumgeschehen Einfluss nehmen. Um diesen Zustand zu erfahren, trainiert man sein Bewusstsein einige Wochen lang in einer speziellen Wahrnehmung. Er kann allerdings auch durch regelmäßig ausgeübte Meditation auftreten, da wir durch sie immer entspannter und wacher werden, was sich klärend und öffnend auf unseren Geist und positiv auf das Traumgeschehen auswirkt.

Um deinen Traumzugang zu vertiefen und zu schulen, empfehle ich dir, dich an deinen Schutzengel zu wenden. Dein geistiger Freund ist wie ein Wanderführer, der dich zielsicher durch die geistigen Gefilde leitet. Wenn du vor einer wichtigen Entscheidung stehst oder dich eine Frage beschäftigt, dann vollziehe abends vor dem Einschlafen ein kleines Ritual. Verbinde dich zunächst mit deinem Schutzengel. Öffne mit einigen Atemzügen dein Herz und formuliere präzise deine Frage oder Bitte. Schreibe sie danach auf ein Blatt Papier und lege das Blatt auf deinen Nachttisch oder neben dein Bett. Halte auch einen Stift für die Nacht griffbereit. Beende die kurze Einstimmung, indem du deinem Schutzengel dafür dankst, dass dir die Antwort zuteil werden wird. Wenn du aufwachst, ob bereits während der Nacht oder erst am Morgen, notiere auf jeden Fall sofort deine Traumbilder auf dem Papier, einfach so, wie sie dir einfallen. In dem halbwachen Zustand bist du nämlich noch gut mit der Traumebene verbunden und wirst mit ein wenig Übung erleben, wie das Schreiben sehr intuitiv fließt. Solltest du dich nicht an die Träume erinnern, so spüre einmal nach, wie du dich bezüglich deiner Frage fühlst. Durch dein Loslassen und die Einstimmung am Abend zuvor hast du dich für neue Erkenntnisse geöffnet. Mit Sicherheit wirst du in den darauf folgenden Tagen neue Perspektiven gewinnen, die du gar nicht wahrnehmen konntest, solange dein Verstand sich an das Problem geklammert hatte.

Meditation: Reise in den ätherischen Lichttempel

Die folgende Einstimmung führt dich auf eine innere Reise in die ätherischen Lichttempel und öffnet dich für neue Inspiration. Nimm den Meditationstext vor allem mit deinem geöffneten Herzzentrum in dich auf, da er eine Schwingung in dir erzeugt, die dich für eine erweiterte Wahrnehmung öffnet. Besonders wirkungsvoll ist es, diesen Text abends vor dem Einschlafen zu lesen, da er dich auf die Lichtebenen optimal einstimmt und vorbereitet.

Aus der Quelle des Lichtes und der Liebe begrüße und berühre ich dich in deinem weit geöffneten Herzen und Bewusstsein, Anael spricht. Geliebtes Lichtkind, ich freue mich, dass du dich für die Erkenntnisfähigkeit deiner Seele tief geöffnet hast und lade dich ein, mit mir auf eine innere Reise in die Lichtgefilde deiner Sternenheimat einzutauchen. Dies wird ein Erinnerungsbewusstsein in dir erwecken, das dich erneut mit deiner Lichtessenz, dem ursprünglichen Wissen in dir verbindet. Und so nimm ein paar tiefe Atemzüge und lasse dich tiefer und tiefer hineinsinken in eine wohltuende Ruhe und

Entspannung. Liebende Engel und Lichtwesen sind um dich herum und durchströmen dich mit ihren segensvollen und Heil bringenden Schwingungen. Atemzug für Atemzug lässt du dich tiefer in die hell strahlende Quelle deines Seins hineinsinken, in dein göttliches ICH BIN. Aus deinem ICH BIN verströmt sich die Energie der Ruhe und Entspannung wellenförmig in dein ganzheitliches Sein und taucht dich in ein Energiefeld aus tiefem göttlichen Frieden. Alle deine Energiekörper haben sich im Strom deines sanft fließenden Atems weit ausgedehnt und du spürst die Verbundenheit mit allem, was ist.

Und so öffnet sich mit dem nächsten tiefen Atemzug dein Herzenergiezentrum ganz weit. Dein Herz ist weit geöffnet und das geistige Wesen, das du bist, hält Einzug in deinen Herzensraum. Dein Herzensraum ist dir wohl vertraut, denn hier bist du geborgen und tief bei dir selbst angekommen. Und so magst du spüren, wie dich die Schwingungen deines Schutzengels liebevoll umfangen. Dein geistiger Freund begrüßt dich voller Freude und lädt dich ein, mit ihm auf eine wundervolle Reise in deine Lichtheimat zu gehen.

Und so nimmt er dich an deine feinstoffliche Hand und führt dich über das Lichttor deines Herzens hinaus aus deinem Herzensraum in die Weite und Freiheit des Alls. Du fühlst dich federleicht und in der liebenden und vertrauten Verbindung mit deinem Schutzengel spürst du, dass auch du fliegen kannst. Und so erhebt ihr euch höher und höher in geistige Gefilde, die dir aus deinen nächtlichen Reisen wohl vertraut sind. Um euch herum funkeln zahllose Sterne und indem ihr durch diese Lichtebenen reist, nimmst du den Sternenstaub der Weisheit in dein Energiekleid auf. So erhöht sich deine Schwingung nochmals mehr.

Wie gut es tut, sich deinem Schutzengel und seiner Führung ganz anzuvertrauen! Denn dein geistiger Freund kennt den Weg und weiß genau, wo er dich gemäß deiner Entwicklung heute hinführen darf.

Und so landet ihr nach einer wundervollen Sternenreise auf einer strahlenden Lichtebene. Du betrittst diese Ebene und nimmst dir einige Augenblicke Zeit, um dich mit deinem ganzen Sein dort einzuschwingen. So nimmst du immer deutlicher wahr, dass ihr vor einem wundervollen Lichttempel steht, dessen Säulen gläsern schimmern. Es ist der Tempel der Inspiration und die beiden Engel, die sein Tor bewachen, haben euch schon erwartet. Ihr werdet eingeladen, den Tempel zu betreten. Und so gehst du Stufe um Stufe die kristalline Treppe zum Tor des Tempels hinauf und fühlst, wie dein Schwingungskleid angefüllt wird mit wunderbaren Lichtessenzen.

Du betrittst den Lichttempel und bist umgeben von strahlend weißgoldenem Licht, der puren göttlichen Liebesessenz. Und so nimm dir wiederum ein paar Augenblicke Zeit, um an diesem hohen Schwingungsort anzukommen. Deine Wahrnehmungskanäle haben sich weit geöffnet und so erfüllt dich die Schwingung dieses Ortes mit einem wundervollen Seelengesang, gleich einem Engelschor. In dieser tiefen Berührung öffnet sich dein Herz noch weiter und du fühlst die tiefe Vertrautheit, die heimatliche Schwingung dieses Ortes.

Und so begrüßen dich nun voller Freude zahlreiche Lichtgeschwister, hohe Engel und Lichtwesen, die du aus früheren Leben kennst und die hier, in diesen Sphären, diese hohe Schwingung halten. Wie groß ist die Freude, dass du dich so weit geöffnet hast, um neue Erkenntnisse und altes Wissen, das hier in dir aktiviert werden darf, durch dein lichtvolles Sein in die irdische Sphäre zu tragen. Denn das ist dein Dienst, den du voller Freude zur Entwicklung alles Seienden übernommen hast.

Nun wirst du von deinem Schutzengel in den Raum des Wissens geführt, in dem du einem strahlenden Lichtwesen begegnest. Du brauchst keine Fragen zu stellen, denn in der telepathischen Verbindung eures Seins empfängst du nun reinste Lichtessenz, die als Informationsträger dient. In diesem Licht sind alle Bewusstseinsimpulse enthalten, die du für deine nächsten Entwicklungsschritte auf Erden benötigst. Dankbarkeit erfüllt dich über dieses Lichtgeschenk, das du hier erhalten darfst. Und so nimm die Gnade dieses Augenblickes mit einem tiefen Atemzug in dich auf. – Pause –

Dein Schutzengel führt dich nun in einen weiteren Raum des kristallinen Tempels, dem Raum der Farben und Formen. Hier ist alles erfüllt von leuchtenden Farbessenzen, die in allen Regenbogenfarben und Farbnuancen schimmern. Die Energie ist dichter als in dem ersten Raum und es fühlt sich fast so an, als könntest du mit deinen feinstofflichen Händen eine Farbessenz greifen und in deinen Händen zu einer Kugel formen. Und so spürst du die Schöpfungsenergie dieses Raumes, denn hier hast du Zugang zur geistigen Fülle allen Seins. Und so verweile einige Augenblicke in diesem Farbenbad und lasse dich tief beeindrucken von Seinsformen, die durch dich und dein kreatives Wesen Gestalt annehmen wollen. Denn du bist ein Lichtkanal, der hier in dieser hohen Ebene aus der geistigen Quelle schöpft, um die Ideen in die Realität deines Lebens zu tragen und zu verwirklichen. – Pause –

Nun hast du dich mit wundervollen Lichtessenzen aufgeladen und freust dich darauf, diese Lichtgeschenke in dein irdisches Sein zu tragen. Dein Schutzengel führt dich aus diesem Raum zurück in die Halle des Tempels, in der du nochmals deinen Lichtgeschwistern begegnest. Du weißt und fühlst, dass du jederzeit mit ihnen verbunden bist. Und so umfangen sie dich mit all ihrer Liebe und wünschen dir eine gute Reise durch die Sphären zurück in deine irdische Realität. Dein Schutzengel führt dich Schritt für Schritt die Treppe hinab aus dem Lichttempel und du siehst, wie er kleiner und kleiner wird, bis er im Lichtnebel des Seins verschwindet.

Nun ist es Zeit, diese Lichtebene wieder zu verlassen und so fliegst du an der feinstofflichen Hand deines Schutzengels zurück durch die Sphären leuchtender Sterne, die euch liebevoll zufunkeln. In der Atmosphäre der Erde umfängt dich das heimatlich irdische Gefühl, denn hier bist du mit deinem körperlichen Sein verankert. Und so tauchst du in Begleitung deines Schutzengels wieder ein in deinen Herzensraum und in deinen physischen Körper, der sich ebenfalls erfrischt und erholt hat. Dein Schutzengel umfängt dich nochmals mit seiner Liebe und zieht sich nun langsam aus deinem Aurafeld zurück, während er die Frequenz deiner Energiezentren wieder der Schwingung deines Tagesbewusstseins anpasst.

Und so nimm ein paar tiefe Atemzüge, um mit deinem Bewusstsein wieder ganz präsent zu sein in deinem Körper und im Hier und Jetzt.

Von der Natur lernen – Schöpfung in Perfektion

Wenn du die kreativ-schöpferische Kraft elementar erleben willst, findest du in der Natur den größten Lehrmeister und die reinste Quelle der Energie. Denn in ihr spiegeln sich alle Entwicklungs- und Wachstumsprozesse vor unseren Augen wider, in die auch wir Menschen mit unserem ganzheitlichen Sein eingebunden sind. Durch den schier unerschöpflichen Reichtum an Arten, Formen und Farben, den sie hervorbringt, inspiriert sie uns Menschen immer wieder, diese kreative Schöpferkraft auch in uns selbst anzuerkennen und zu leben.

In der Natur herrscht das Prinzip des Gleichgewichts. Wir erleben, wie alles einem einzigen großen Kreislauf von Werden und Vergehen unterliegt und sich stetig aus einer unsichtbaren Kraft heraus neu erschafft.

Die Natur ist ein Brief Gottes an die Menschheit.
PLATON

Jeder schöpferische Prozess im Leben folgt diesen Naturprinzipien. Man kann sie weder forcieren, noch lassen sich einzelne Schritte abkürzen. Für Ausgewogenheit und innere Stärke braucht es ein organisches Wachstum, auch bei uns Menschen. Auf diese Weise lehrt uns die Einstimmung auf die Natur, diese universellen Gesetze zu erspüren und den natürlichen Rhythmen des Lebens zu folgen. Jede Pflanze braucht ihrer Art entsprechend einen bestimmten Boden, auf dem sie optimal gedeihen kann. Auf uns und unsere Lebenssituation übertragen entspricht dieser Boden unserer Berufung, dem Feld,

von wo aus wir unsere Anlagen und Fähigkeiten optimal einbringen und entfalten können. Darüber hinaus bedarf es der Harmonie mit unserer Umgebung, so wie auch die Natur nach Ausgleich der Kräfte und nach Gleichgewicht strebt. In einem solchen Gleichgewicht befinden sich Geben und Nehmen im harmonischen Austausch, wo jeder zum Wachstum und Gedeihen des Gesamten beiträgt. Daran können wir erkennen, dass nichts getrennt oder isoliert voneinander besteht, sondern in ein großes Ganzes eingebunden ist. In der Einstimmung auf diese ewigen und unveränderlichen Naturgesetze wird uns eine große Kraft zuteil, die unsere eigenen Anlagen und Talente fördert und optimal gedeihen lässt.

Den Zugang zu dieser unbegrenzten Quelle der kreativ-schöpferischen Energie können wir verstärken, indem wir uns in eine so genannte Schwingungsharmonie bringen. Damit ist eine Haltung gemeint, in der wir im Einklang sowohl mit uns selbst sind als auch mit allem, was uns umgibt. Nun wirst du sicherlich denken, dass es einiges in deinem Leben gibt, was du dir anders wünschst und nicht akzeptieren kannst. Diese Gefühle bauen jedoch Widerstände auf, die in dir den Fluss der schöpferischen Energie wie Staumauern blockieren können. Versuche deswegen, so neutral wie möglich all jene Lebensbereiche oder Umstände wahrzunehmen, in denen du dir eine Verbesserung wünschst. Formuliere deine Wünsche klar und deutlich und bringe dich in Schwingungsharmonie mit dem kosmischen Liebesstrom. Dazu kannst du dir vorstellen, dass du dich wie eine Blüte dem Sonnenlicht der allumfassenden Liebe öffnest und von diesem wunderbar wärmenden Licht durchströmt wirst. Rufe deinen Schutzengel in dieser Einstimmung an deine Seite und bitte ihn darum, dass gemäß höherer Weisheit Führungen geschehen und sich dir Lösungen offenbaren werden. So kannst du noch tiefer loslassen und dich gänzlich auf den kosmischen Liebesstrom einschwingen.

Je öfter du diese Einstimmung vornimmst – morgens ist sie besonders wirkungsvoll –, desto deutlicher wirst du innerlich ein sanftes Schwingen wahrnehmen, so als würdest du auf dem Meer liegend sanft geschaukelt werden. Vielleicht spürst du den kosmischen Liebesstrom als Wärme oder sanftes Kribbeln und Vibrieren. Auf jeden Fall wird auch dein physischer Körper auf diese Einstimmung positiv reagieren und dir mit Wohlgefühl antworten. Wenn du diese feinen Gefühle in dir wahrnimmst, bist du mit dem Strom der schöpferischen Energie verbunden. Du hast dich sozusagen in ein allumfassendes energetisches Netz eingeklinkt, aus dem dir nun Stärkung und kreative Impulse zufließen. Dessen Energie versorgt dich nun auf allen Ebenen deines Seins und stärkt auch deinen physischen Körper, durch den du dich in dieser Welt ausdrückst und verkörperst.

Die Bedeutung der rhythmischen Lebensprozesse

In der Natur folgt jegliches Wachstum rhythmischen Gesetzen, die beispielsweise im Jahreswechsel oder auch im Tag- und Nachtzyklus zum Ausdruck kommen. Wie das Ein- und Ausatmen wechseln sich ausdehnende und zusammenziehende, sich konzentrierende Kräfte ab. Es bedarf der Öffnung, damit wir uns verströmen können, aber auch des Schließens, wodurch wir uns sammeln und fokussieren. Körper, Seele und Geist brauchen diese Rhythmen. Was wir tagsüber erfahren, gelebt und umgesetzt haben, wird nachts im Schlaf und in den Träumen – während sich unser Körper regeneriert – seelisch verarbeitet und integriert. Im Wechselspiel der Kräfte finden wir zu einer ausgewogenen Schöpferkraft. Alle Lebens- und Wachstumsprozesse laufen in rhythmischen Wellen ab. Im Wissen um dieses rhythmische Pulsieren können wir uns die schöpferischen Naturkräfte zunutze machen, um unseren Tagesablauf in einen harmonischen Fluss zu bringen und uns noch stärker an die kreativ-schöpferische Energie anzubinden. Dazu ist es notwendig, in Harmonie mit unserer Umgebung zu sein und Innen und Außen in Einklang zu bringen. So sind wir dann in unserem Tun von einer größeren Kraft inspiriert und erfüllen mit Leichtigkeit unsere Tätigkeiten.

Ich habe es mir zur Angewohnheit gemacht, meinen Tag mit häufigen, kurzen Momenten der Einstimmung und Rückverbindung an die Quelle der kreativen Energie zu unterbrechen. Bevor ich eine wesentliche, neue Aufgabe beginne, nehme ich mir einige Augenblicke Zeit, um mich nach innen zu wenden und einzustimmen. Wie eine sich schließende Blüte umhülle ich meine äußeren Sinne und lenke sie konzentriert auf meinen Seelenkern. Der Atem ist dabei die Kraft, die mich entspannt in mein ICH BIN trägt und meine Gedanken vom Tagesgeschehen löst. Manchmal visualisiere ich auch kurz die anliegende Aufgabe, wie sie mir leicht von der Hand geht und erfolgreich ausgeführt wird. Für diese Einstimmung sind ein paar Minuten ausreichend, manchmal bedarf es sogar nur einiger Atemzüge mit dem Gedanken an Schwingungsharmonie. So schließe ich mich an die unendliche, kreative Kraft an und lade diese allumfassende Macht ein, in ihrer Weisheit durch mich wirksam zu werden. Dies dient der Erfrischung und Vorbereitung, so dass sich die anstehenden Aufgaben, auf diese ideale Weise getragen, mit Hilfe einer größeren Kraft erfüllen. Manchmal erhalte ich sogar direkt in der Einstimmung eine konkrete Inspiration. Auf diese Weise kannst du mit jedem Innehalten den Kanal deiner Intuition noch feiner einstellen und wirst dadurch immer empfänglicher für die kreativen Impulse und geistigen Führungen.

Die Kraft der Elemente in deinem Sein

Die kreativ-schöpferische Energie ist die Urkraft, die auf allen Seinsebenen durch alle Dimensionen wirkt und die geistigen Gesetzen folgt. In der Materie kommt diese Urkraft im Zusammenspiel der Elementarkräfte zum Ausdruck. Materie ist die dichteste Schwingungsform von Energie und alles, was auf unserer Erde physisch greifbar ist, wird aus den Elementen Feuer, Erde, Wasser und Luft gebildet. Jeder Schöpfungsprozess gestaltet sich aus einer individuellen Ordnung dieser Elemente und ihrer Kräfte.

Die Kraft der Elemente spiegelt sich auch im Menschen wieder, sowohl körperlich als auch seelisch-geistig. Unser Körper besteht zu ca. 70 % aus Wasser. Aus den Mineralien des Elementes Erde werden Zellen, Muskeln, Knochen und Gewebe aufgebaut. Luft ist der Atemstrom, der uns am Leben erhält und Feuer wirkt in unserer Stoffwechselkraft und all ihren Lebensprozessen. Auf geistiger Ebene drücken sich die Elemente in den so genannten Temperamenten unserer Psyche aus. Hier hat jeder Mensch eine individuelle Neigung, die seine seelischen Reaktionsmuster prägt. Im Folgenden werden die Eigenarten der Temperamente kurz skizziert:

Das Element Erde charakterisiert die **Phlegmatiker.** Sie sind ruhig, beständig und eher gemütlich veranlagt. Ein Überschuss des Erdelements bewirkt jedoch, dass wir uns träge fühlen, an gewohnten Strukturen festhalten und unter Umständen das Materielle überbetonen.

Sanguiniker sind vom Luftelement geprägt. Sie sind aufgeschlossen, kontaktfreudig, kommunikativ und an Neuem interessiert. Eine Überbetonung des Luftelements bewirkt jedoch Zerstreutheit, Nervosität und die Neigung zu Illusionen und Träumerei.

Das Wasserelement kommt in den **Melancholikern** zum Ausdruck. Sie sind einfühlsam, gefühlsbetont und haben ein ausgeprägtes Harmoniebedürfnis. Zu ihren Mitmenschen suchen sie eine emotionale Verbindung. Ein Überschuss des Wasserelements kann zu depressiven Stimmungen führen, so dass sich die Melancholiker dann in ihren eigenen Gefühlstiefen und Stimmungen verlieren.

Das Feuerelement charakterisiert die **Choleriker.** Sie sind energiegeladen, aktiv und geistig rege Denker. Eine Überbetonung des Feuerelements führt zu Aktionismus, Zornesausbrüchen und einem dominanten Willen. Die Choleriker wollen dann ›mit dem Kopf durch die Wand gehen‹.

Naturgemäß dominiert bei jedem Menschen ein Temperament, das seinen Charakter prägt. Wir entwickeln dadurch bestimmte Stärken, doch für Ausgewogenheit und Wohlbefinden brauchen wir alle Elemente in unserem Sein. Mit Hilfe von Meditation können wir diese in unserem Körper, Geist und in unserer Seele in Harmonie bringen. Dazu führen dich die Engel mit dem folgenden Text in das Erspüren der Elementarkräfte hinein. Jedes Element ist einem körperlichen Bereich zugeordnet, in dem es als geistiges Prinzip die organischen Funktionen ordnet und trägt. Besonders wirkungsvoll ist diese Meditation, wenn du sie in der freien Natur ausführst. Denn der Aufenthalt dort ist reinigend und stärkend für unsere Aura. Je harmonischer unsere Energiekreisläufe fließen, desto stärker und größer ist unser feinstoffliches Schwingungsfeld, über das wir die geistigen Inspirationen und Energien empfangen.

Suche dir einen geschützten Platz an einem alten Baum oder auf einer schönen Wiese, wo du dich den Naturkräften ganz öffnen und hingeben kannst. Wenn du auf diese Weise mit ihnen verbunden bist, können dich die Naturwesen und Engel tief berühren und auch deinen physischen Körper harmonisieren und stärken. Oder du versetzt dich geistig, mit Hilfe deiner Vorstellungskraft in die Natur, denn bereits durch das Lesen der Meditation beginnst du den Energiestrom in dir zu aktivieren. Wenn du die Bilder und die Zuordnung der Elemente mit ein bisschen Übung verinnerlicht hast, kannst du die Elementarkräfte zum Beispiel auch während eines Spaziergangs mit Hilfe deiner Vorstellungskraft aktivieren und ausgleichen. So wird insbesondere dein physischer Körper gestärkt und dient als kraftvolles Instrument zur Verwirklichung deiner Seele und deines Potentials in der Welt.

> *Mache es dir in deiner Meditationshaltung bequem und tauche mit deinem Atem in den Entspannungsstrom ein, der deinen ganzen Körper durchfließt. Mit jedem Atemzug versinkst du tiefer und tiefer in eine wohltuende Ruhe und Entspannung. Dein Atem trägt dich sanft in deine tiefen Seelenschichten und in dein hell strahlendes göttliches ICH BIN. Hier spürst du den Frieden und die Kraft deines göttlichen Seins. Und mit dem nächsten tiefen Atemzug öffnen sich all deine Energiezentren ganz weit. Alle Energiezentren sind nun weit geöffnet und du wirst durchströmt von den liebevollen und Heil bringenden Schwingungen der dich umgebenden Engel und Lichtwesen. So tauchst du immer tiefer in ein Feld der inneren und äußeren Harmonie ein.*
>
> *Und mit einem weiteren tiefen Atemzug öffnen sich deine Fußenergiezentren ganz weit. Aus deinen weit geöffneten Fußenergiezentren wachsen goldene Lichtwurzeln tief in den Boden und verankern dich in Mutter Erde. Über die Lichtwurzeln fließt die erdige Kraft der Ruhe und Zentrierung in dein ganzheitliches Sein und steigt als kraftvoller Urenergiestrom über deine Füße und Beine langsam hinauf, um sich in deinem Beckenraum zu sammeln. Sanft aktiviert sich der Strom der Kundalini-Energie in deinem Wurzelchakra und deine persönliche geistige Führung wacht über das feinstoffliche Geschehen. So öffnet sich dein Wurzelchakra nur so weit, wie es deiner*

momentanen Entwicklung zuträglich und förderlich ist. Nun bist du eingetaucht in das Erdelement und spürst die Kraft und Verwurzelung, die daraus erwächst. Das Erdelement stärkt dein Urvertrauen ins Leben. Spüre, wie Mutter Natur dich in allumfassender Liebe mit allem versorgt, was du für dein Wachstum und Leben benötigst. Tiefe Dankbarkeit erfasst dich über diese Erkenntnis.

Nun steigt die kreativ-schöpferische Energie an deiner Wirbelsäule entlang weiter hinauf und füllt deine Bauchregion ganzheitlich an. Du wirst in dem Wasserelement deines Seins berührt und spürst die Gefühlskraft deines Wesens. Das Wasserelement verschmilzt all deine Gefühle im Ozean der Liebe. In rhythmischen Wellen und Wogen pulsiert diese lebendige Kraft in dir und schenkt dir Vitalität, Lebendigkeit und Lebensfreude. Dein Sonnengeflecht wird sanft aktiviert und schwingt rund und harmonisch. So verstärkt sich die Ausstrahlung deines Wesens und verströmt sich als lebendiger Liebesstrom in alles Seiende hinein.

Die kreativ-schöpferische Energie steigt noch weiter entlang der Wirbelsäule in deinen Brustraum hinauf und dehnt sich im Luftelement deines Körpers weit aus. Dein Herzenergiezentrum weitet und entfaltet sich wie eine wunderschön blühende Rose, die ihren Duft in alles Seiende verströmt. Spüre die ätherische Kraft des Luftelements, das dich die Weite und Freiheit deines Seins erfahren lässt. Über deinen sanft fließenden Atemstrom bist du zutiefst mit dem Luftelement verbunden. Spüre bei der Einatmung den Luftzug an deinen Nasenflügeln und atme hörbar wieder aus. So beruhigen sich alle Gedanken in deinem Verstand und dein Geist wird weit und frei.

Nun fließt der Strom der kreativ-schöpferischen Energie weiter in deinen Kopfbereich und aktiviert sanft das Feuerelement, das in deinem Geist seine Entsprechung hat. Spüre das Feuer als Kraft der geistigen Erkenntnis und als helles Licht in deinem Bewusstsein. Im Feuerelement werden die Ideenfunken des Geistes geboren, die als Erkenntnisse oder Geistesblitze in dein Bewusstsein strömen. Dein Kronenchakra öffnet sich dem göttlichen Licht wie ein Blütenkelch, der den Funkenflug der Inspiration empfängt. Lasse dich vom Licht der Erkenntnis in neue Dimensionen des geistigen Bewusstseins hineintragen und entfache mit deinen Ideen die Feuerkraft der Begeis-

terung in den Herzen der Menschen. So geschieht Wandlung und Erneuerung auf allen Ebenen des Seins.

Nun haben sich alle Elemente in deinem ganzheitlichen Sein auf körperlicher, seelischer und geistiger Ebene geklärt und in Einklang gebracht, so dass du eine wunderbare Ausgewogenheit in dir spüren kannst.

Atme einige Male tief ein und aus und lasse dich vom Atemstrom in dein Tagesbewusstsein zurücktragen. Dein Schutzengel passt die Frequenz deiner Energiezentren wieder der Schwingung deines Tagesbewusstseins an und mit einem weiteren tiefen Atemzug bist du wieder ganz präsent und erfrischt im Hier und Jetzt.

Mit Hilfe dieser Meditation bringen wir uns in Harmonie mit der Natur unseres Wesens. Dies ist von elementarer Bedeutung für unsere Selbst-Verwirklichung. Unser geistiges Wesen bildet das Zentrum unseres Seins. Wie in einem Samenkorn liegen hier alle Anlagen, Talente und Fähigkeiten und warten darauf, von uns erweckt und gelebt zu werden. Mit Hilfe unseres persönlichen Willens können wir viel erreichen, es kostet uns aber den Preis der Anstrengung. Oftmals erschöpfen sich unsere Kräfte, noch bevor wir das mühsam angestrebte Ziel erreicht haben.

Mit der Einstimmung auf die wahre Natur deines Wesens, mit allen Stärken und Anlagen, die dich unverwechselbar machen, findet ein organischer Wachstums- und Entfaltungsprozess statt. Lausche also zunächst nach innen, um zu erspüren, welchen Boden du als Betätigungsfeld für deine Entwicklung brauchst, auf dem alle deine Anlagen optimal gedeihen können. Dann gib dich voll und ganz in dieses Feld hinein und lege die Samen deiner Stärken und Talente in diesen Boden und in die Aufgaben, die du ausführst. Wenn du in Übereinstimmung mit diesen Naturkräften handelst, wirst du feststellen, wie eine unsichtbare Kraft alle deine Vorhaben und Tätigkeiten trägt, unterstützt und voranbringt. Mühelos entwickeln sich dann neue Fähigkeiten, und es ergeben sich ungeahnte Möglichkeiten aus deinen Handlungen. Denn nun stehst du im Einklang mit den kosmischen Kräften, den geistigen Gesetzen und Naturgesetzen sowie mit deinen persönlichen Anlagen und der Kraft deines Wesens. Durch diese Verbindung und in Harmonie mit allem, was ist, kann sich die Persönlichkeit, die in dir liegt, optimal entwickeln und deinen persönlichen Lebensplan erfüllen. Du spürst dann, wie die unendliche, schöpferische Kraft und Liebe *durch* dich zum Segen für alles Seiende wirkt.

Ein neues Schöpfungsdenken erwacht

Die Natur lehrt uns das Prinzip der Fülle. Aus einem Getreidesamen wächst ein Getreidehalm, der ein Vielfaches an neuen Samen hervorbringt. Dieses Prinzip finden wir überall in der Natur, denn sie spart nicht mit ihren Kräften, sie hortet nicht und gibt mehr, als sie nimmt. Und genau dieser Tatsache entspricht das geistige Prinzip der Fülle: Aus freiem Herzen und in dem Vertrauen zu geben, dass wir alles erhalten, was wir benötigen. Der Schlüssel ist das Geben, denn dadurch aktivieren wir den Strom der Fülle in unserem Leben. Wir schaffen einen inneren Raum, der von göttlicher Liebe wieder aufgefüllt wird. Wenn du dir deine persönlichen Stärken bewusst machst, erkennst du auch, was du zu geben hast. Du richtest deinen Blick weg von Mangelgefühlen hin zu deiner unendlichen inneren Fülle, deinem wahren Reichtum. Ein solches Geben und Empfangen aus der inneren Fülle heraus wird die Neue Zeit kennzeichnen. Wir alle machen mit unserem Verhalten heute und an jedem folgenden Tag den Anfang, dass sich dieses Bewusstsein verbreiten und verankern kann.

> *Was ein Mensch an Gutem in die Welt hinaus gibt, geht nicht verloren.*
> ALBERT SCHWEITZER

Unsere momentane Welt und unsere Gesellschaft sind noch stark vom Konkurrenzdenken geprägt. Das Mangelbewusstsein und der Kampf um begrenzte Ressourcen haben sich tief in das Bewusstsein der Menschen eingegraben und sorgen für Konkurrenzkampf und Existenzängste in vielerlei Formen.

Aus diesem Grund sollten wir uns auf die geistigen und schöpferischen Ressourcen in uns und in jedem Menschen konzentrieren, denn in ihnen liegt eine unendliche Fülle an Möglichkeiten. Bei deren Entdeckung und Weiterentwicklung helfen uns die Synergien, jener Zusammenschluss von Kräften in den so genannten Lichtkreisen, durch die das Wachstum eines jeden Einzelnen beschleunigt und unterstützt wird (siehe Kapitel »Vom Informations- zum Bewusstseinszeitalter«).

Wenn eine unbegrenzte schöpferische Kraft in allem wirkt und eine solche Fülle in der Natur hervorbringen kann, wie könnten dann unser Leben und unsere Existenz davon abgeschnitten sein?

In dem neu aufdämmernden Bewusstsein, das wie ein Sonnenaufgang heranzieht, werden wir uns der globalen Einheit und unserer Verantwortung für alles Seiende wieder bewusst. Über diese Öffnung können dann gemäß dem göttlichen Plan neue Erkenntnisse einfließen, die alle Bereiche des Lebens erneuern werden. Dazu braucht es die Offenheit jedes Einzelnen, denn die Herausforderungen dieser Zeit werden wir nur gemeinsam lösen können. Wir werden erkennen, wie alles miteinander vernetzt und

Beurteile den Tag nicht nach dem, was du geerntet, sondern danach, was du ausgesät hast.
ROBERT LOUIS STEVENSON

in geistigem Sinne eins ist. Im Bewusstwerden unserer Göttlichkeit erkennen wir, dass wir Geist vom Geiste sind. So betrachten wir auch unsere Mitmenschen, von und mit denen wir lernen dürfen, immer mehr als individuellen Ausdruck dieses *einen* Lichtes, woraus ein neues Gemeinschaftsgefühl zwischen den Menschen wachsen wird.

Lasse dich also nicht von Mangeldenken und Konkurrenzgefühlen antreiben, denn das erstickt jegliche Kreativität und Lebensfreude. Tue selbst den ersten Schritt und löse dein Bewusstsein von negativen Gedanken und Gefühlen, indem du dich auf deine innere Fülle und den Reichtum an Gaben und Talenten in dir konzentrierst. So hebst du dein Bewusstsein auf eine höhere Stufe und öffnest dich der göttlichen Fülle, die als Liebesstrom in allem wirkt. Über diese veränderte Ausstrahlung ziehst du gemäß geistiger Resonanz alles Gute zu dir, was dir und deinem Leben entspricht.

In diesem Zusammenhang stellte ich der geistigen Welt in einer Meditation die Frage, was das Gesetz der Liebe bedeute und empfing den folgenden Text, der die Beziehung zur Urquelle des Seins, zu Gott, dem *einen* Licht – oder welcher Name dir dafür auch vertraut sein mag – ausdrückt. Du kannst den Text immer wieder einmal lesen, um dich mit der unendlichen Fülle des Seins in Einklang zu bringen.

Was bedeutet das Gesetz der Liebe?

Gib in dem Vertrauen, dass dir schon gegeben ist und du ein Vielfaches zurückerhalten wirst. Gründe dich tief in der göttlichen Quelle allen Seins, die in dir liegt und bringe diese Essenz als ein Gebet an die Schöpfung durch deine Taten und Handlungen zum Ausdruck. Schätze keine deiner Handlungen gering und tue alle Dienste, von den höchsten bis zu den einfachsten, MIR zu ehren in Dankbarkeit für dein Sein, dann wird dir alle MEINE Fülle zuteil.

Lehre die Menschen dieses eine Gesetz des Lebens und der Fülle und erfreue dich an allem, was dir gegeben ist. Alles ist Licht. Alles kommt aus dem Licht und geht in das Licht zurück in ewigen rhythmischen Wellen des Schaffens und Vergehens. Sieh das Licht in allem. Sieh nur das Allerbeste in allem, um es durch das Licht deines Bewusstseins, das darauf fällt, noch heller scheinen zu lassen. So ziehst du beständig alle Segnungen zu dir.

Lebe in einem Gebet aus Licht und Liebe, das sich durch dich und deine Taten in ständig neuer Weise immer vollkommener ausdrückt. So erkennst du, dass alles, was MEIN ist, schon immer dein war, du musst es nur in Besitz nehmen. Bittet und es wird euch gegeben. Warum mit MIR wirken und erschaffen? Es ist so einfach und vollkommen. Alle Antworten liegen schon längst, schon immer in dir.

Fühle dieses Licht, nimm es ganz in dich auf und wisse um die Einheit mit allem. Es gibt nur EIN Licht, das auf verschiedenen Ebenen leuchtet und unterschiedlich weit strahlt. Lasse zu, dass dein Seelenlicht sich ausdehnt, um alle Segnungen in dein Leben, das das Licht deines Bewusstseins ist, einzuschließen. Du bist nicht dein Körper, du bist hell strahlende Lichtschwingung in allen Aspekten deines Seins. Warum hältst du dich zurück? Warum stellst du dein Licht unter den Scheffel? Leuchte, um MEIN Licht auszudrücken.

Nimm in Besitz, was schon längst dein ist. Segne deine Wünsche, denn sie sind dein sich ausdehnendes Seelenlicht, um das Sein mit der Kraft deines Verlangens in Bewegung zu versetzen. So entsteht Schöpfung und Evolution. Es ist MEIN Wunsch, dass du durch deine Wünsche zur Entwicklung alles Seienden beiträgst. Und so gebe ich dir alles, was MEIN ist, um dein Leben zu erfüllen. Sage Dank für alle Segnungen, die du noch erhalten wirst in dem Wissen, dass sie dein sind. Lass dein Herz erfüllt sein von Dankbarkeit zu MIR und alle Segensströme fließen frei in dein Leben, noch bevor du darum bitten konntest.

So ist es, in tiefer ewiger Liebe.

Folge deinem Stern

Die kreative Energie, die dich durchfließt und erhält, ist der geistige Stoff, aus dem du die Formen webst, die durch dich verwirklicht werden. Die Formen sind die Art, wie du dein Leben gestaltest, und alles, was du erschaffst. Bevor du in dieses Leben geboren wurdest, hast du dir in Absprache mit deinem Schutzengel und geistigen Führern einen persönlichen Lebensplan gewählt, der deinen Anlagen und Stärken entspricht. Dieser Lebensplan ist in deinem Seelenstern, dem achten Chakra oberhalb deines Hauptes, gespeichert. Du kannst ihn dir wie einen persönlichen Leitstern vorstellen, der dich durch das Leben navigiert. Im Lebensplan sind jedoch nicht alle Stationen deines Lebens fest vorgezeichnet. Er ist vielmehr ein feinstoffliches Muster – eine Matrix –, in der aufge-

Kannst du einen Stern berühren, fragte man es. – Ja, sagte das Kind, neigte sich und berührte die Erde.
HUGO VON HOFMANNSTHAL

zeichnet ist, was dir und deinem Wesen entspricht. Mit deinem freien Willen kannst du innerhalb dieses Musters ungehindert weiter gestalten und weben, denn dem persönlichen Wachstum sind keine Grenzen gesetzt.

In dem jetzt erwachenden Schöpfungsdenken werden sich die Menschen immer mehr ihres ureigenen Seelenpotentials und ihres persönlichen Seelensternes bewusst. Wenn du weißt und fühlst, dass du an eine unbegrenzte schöpferische Energie angeschlossen bist, werden sich Mangel- oder Konkurrenzgefühle der alten Energie in eine tiefe Dankbarkeit verwandeln. Diese wiederum erwächst aus der Gewissheit, dass dein Lebensplan alles für dich vorgesehen hat und bereithält, was dich zutiefst erfüllt und glücklich macht.

Indem du die Einmaligkeit deines Seins und Seelensterns erkennst, vermagst du diese Einzigartigkeit auch in anderen Menschen zu sehen und anzuerkennen.

Du kannst dir vorstellen, wie über jedem Menschen, dem du begegnest, sein Seelenstern leuchtet, um ihm alle Segnungen zuteil werden zu lassen, für die er sich geöffnet hat. Das ist wahres Schöpfungsdenken, das uns aus der Begrenzung und jeglichem Mangeldenken herausführt.

Viele Menschen tragen sich mit der Frage nach dem Sinn ihres Lebens und suchen im Außen oder in der Zukunft nach den Umständen, die sie glücklich machen sollen. Du kannst aber nur in der Gegenwart glücklich sein, denn dieser Augenblick ist der einzige Moment, der wirklich existiert. Vergangenheit und Zukunft liegen allein in deiner Erinnerung oder Vorstellung. Glück und Erfüllung sind ein Bewusstseinszustand, unabhängig davon, was uns real umgibt. Was den einen Menschen mit tiefer Dankbarkeit erfüllt, würde einem anderen Menschen vielleicht selbstverständlich sein. Um Glück und Erfüllung in deinem Leben zu finden, musst du *deinem* Stern folgen. Du bist hierher gekommen, um die Persönlichkeit, die in dir steckt, zur vollen Entfaltung zu bringen. Die Selbstverwirklichung ist also der tiefere Sinn deines Lebens. Und auf der Spur dieses Weges wirst du, wenn du deinem Herzen folgst, immer tiefer in deine wahre Essenz, in dein göttliches ICH BIN, hineingetragen.

Wenn du in Übereinstimmung mit deinem Seelenstern bist, begleitet dich ein Gefühl tiefer Dankbarkeit und Glückseligkeit. Du fühlst die Stimmigkeit in allem, was du tust. Es ist eine schöne spirituelle Übung, bei allen Tätigkeiten – auch den alltäglichen Routinearbeiten –, diese Resonanz herzustellen und die Verbindung mit deinem Seelenstern und der göttlichen Kraft zu spüren. Indem du auf diese Weise deine Handlungen in deinem realen Leben und die Kraft deines Tuns geistig anbindest, stärkst du den Lichtkanal zu deiner Intuition. Du wirst erleben, wie dir die (vielleicht sonst ungeliebten) Tätigkeiten leichter von der Hand gehen und du im Tun durch deine positive Einstellung Kraft und Energie gewinnst.

Vernetzung in der Neuen Zeit

In der Einstimmung auf deinen Seelenstern öffnest du dich einer höheren Dimension und trittst in Resonanz zu der kreativ-schöpferischen Energie, die in allem lebt und wirkt. Aus dieser Urenergie, dem göttlichen Licht, ist alles, was existiert, hervorgegangen. Unser geistiges Wesen ist ein Lichtfunke dieser göttlichen Uressenz, der sich auf eine Reise durch Raum und Zeit begeben hat. In dem erwachenden Bewusstsein werden wir der Einheit allen Seins gewahr. Es öffnen sich Bewusstseinstore in uns, die uns die Multidimensionalität unseres Seins erfahren lassen. Dies bedeutet, dass wir auf vielen verschiedenen Bewusstseinsebenen mit Seinsanteilen gleichzeitig beheimatet und dadurch auch mit geistigen Wesen und Engeln verknüpft und vernetzt sind. Mit unserem Verstandesbewusstsein sind wir auf das Raum-Zeit-Kontinuum ausgerichtet und können uns nur schwer eine Vorstellung von der Multidimensionalität machen. Da sich durch die kosmischen Energieeinstrahlungen die Grundschwingung allen Seins erhöht und beschleunigt, öffnen sich auch in uns neue Wahrnehmungskanäle. Durch Phänomene wie Telepathie, außersinnliche Wahrnehmung und Medialität, die sich nun global verstärken, werden wir jedoch immer mehr die Wirkungen der Multidimensionalität wahrnehmen und erleben.

Ein Kennzeichen der Neuen Zeit und des Bewusstseinszeitalters wird sein, dass die Menschen sich ihres Eingebundenseins in ein großes Ganzes wieder bewusst werden. Die Individualisierung, wie sie durch die Auflösung von traditionellen Familienstrukturen und in dem vermehrten Single-Dasein unserer Zeit zum Ausdruck kommt, öffnet den Menschen für neue Formen des gesellschaftlichen und geistigen Miteinanders. So werden nach geistigem Resonanzprinzip die Menschen zusammengeführt, die auf einer tieferen Seelenebene miteinander verbunden und eines Geistes sind. Diesen Ursprung nennt man Seelenfamilie. Eine solche geistige Familie ist eine Seelengruppe, von denen jeweils einige Seelen inkarniert sind. Ein weiterer Teil befindet sich im nicht-inkarnierten Zustand. Diese Geistgeschwister begleiten unsere Entwicklung ebenso wie Engel und Lichtwesen, die uns nahe sind.

> *Zusammenkommen ist ein Beginn,*
> *Zusammenbleiben ist ein Fortschritt,*
> *Zusammenarbeiten führt zum Erfolg.*
> HENRY FORD

Jeder Mensch gehört einer solchen Seelenfamilie an und es gibt sehr viele Seelenfamilien mit unterschiedlichsten Aufgaben im göttlichen Plan. Denn so wie jede einzelne Seele einen persönlichen Lebensplan hat, so hat auch die Seelenfamilie an sich einen geistigen Auftrag.

Das folgende Modell mag einen Eindruck dieses kosmischen Geschehens vermitteln:

Stelle dir deinen Seelenstern vor, der über dir liegt und dein ganzheitliches Sein durch sein Strahlen erhellt. Dieser Stern ist am Firmament in ein wunderschön leuchtendes Sternbild eingebettet und strahlt in der Gemeinschaft mit anderen Sternen in einer Energie, die seine eigene weit übersteigt. Alle Sterne bilden gemeinsam eine Leuchtkraft, die mehr ist als die Summe ihrer jeweiligen Energie. Es bildet sich ein individueller Leuchtkörper oder Energieträger, durch den eine spezielle Urenergie fließen und allem Seienden vermittelt werden kann. Diese Energie fließt jedem Einzelnen als Stärkung seines Lichtpotentials und seiner Entwicklung zu und strahlt darüber hinaus in alles Seiende hinein. Jede Entwicklung, die ein Einzelner vollzieht, fließt über seinen Seelenstern in das kosmische Sternbild ein und steht als Erfahrung und Essenz den anderen verbundenen Sternen in gleicher Weise zur Verfügung. So erweitert sich das Potential und Lichtspektrum, ohne dass man alle Erfahrungen selbst in seinem Leben durchlaufen müsste. Alle verbundenen Sterne erfahren so ein beschleunigtes, geistiges Wachstum. Die Sternbilder der unzähligen Seelengruppen sind wie eine Sternensaat, die aus der Urquelle ausgeschüttet wurde. Gemäß dem göttlichen Prinzip der Fülle drückt sich die Urquelle auf diese Weise in ihrer unendlichen Vielfalt aus.

Wenn du dir anhand dieser Bilder nun die unvorstellbare Weite und Größe des Universums vor Augen führst, mit seinen schier unendlichen Galaxien, dann mag dich eine tiefe Ehrfurcht vor der Schöpfung ergreifen. Dein Seelenstern ist wie eine Kommunikationsstelle zu diesen Ebenen und wird dir genau das Wissen und die Erkenntnisse zufließen lassen, die du in deinem individuellen Sein benötigst.

Wenn wir dieses Wissen verinnerlichen, fühlen wir die tiefe Gewissheit, dass jede Seele, jeder Mensch seinen festen Platz im Gesamtgefüge hat, der nur durch ihn ausgefüllt werden kann. Du wirst mit all deinen Fähigkeiten und Stärken gebraucht, um deine persönliche und übergeordnete Aufgabe zu erfüllen. Diese Gewissheit kann uns tiefen Sinn stiften und zur Verwirklichung unseres Potentials motivieren. In der Neuen Zeit werden die Menschen, die eines Geistes sind, verstärkt zusammengeführt, um Projekte oder Ideen im Sinne höherer Ideale zu verwirklichen. Sie bilden durch ihre Seelenharmonie einen stabilen Energieträger, durch den neues Wissen und neue Erkenntnisse gewonnen werden können. Diese Gruppen werden aus der geistigen Welt sehr stark unterstützt und geführt. Durch die globale Schwingungserhöhung und Beschleunigung können diese Projekte müheloser und schneller umgesetzt werden, als dies noch vor Jahren möglich gewesen wäre. So werden auch bereits länger bestehende Gruppen das Gefühl haben, auf einer neuen Ebene und Reifestufe wirksam werden zu können.

Meditation zur Aktivierung deines Seelensterns

Wenn du dich in der Meditation mit deinem Seelenstern verbindest, vertiefst du deinen intuitiven Zugang zum Wissen um deinen Lebensplan. Schritt für Schritt empfängst du über diese Öffnung

Erkenntnisse für die nächsten Schritte, die dich auf deinem Lebens- und Entwicklungsweg voranbringen. Du erhältst verstärkt neue Gedankenimpulse und erfährst geistige Führungen in deinem Leben.

> *Setze dich aufrecht und bequem auf einen Stuhl. Die Füße stehen gut geerdet hüftbreit auseinander am Boden und deine Hände liegen locker auf deinen Oberschenkeln. Atme einige Male tief ein und aus. Spüre, wie der Strom deines Atems dich immer tiefer in deine Seelenschichten und in dein hell strahlendes göttliches ICH BIN trägt. Mit dem nächsten tiefen Atemzug öffnen sich alle deine Energiezentren ganz weit und die anwesenden Engel und Lichtwesen durchströmen dich mit ihren liebevollen und Heil bringenden Schwingungen. Immer tiefer lässt du dich hineintragen in eine wohltuende Ruhe und Entspannung und genießt den Frieden, der sich aus deinem göttlichen ICH BIN wellenförmig in alles Seiende verströmt.*
>
> *Und mit dem nächsten tiefen Atemzug öffnet sich dein Herzenergiezentrum ganz weit. Wie eine Blüte ist dein Herzzentrum weit geöffnet und das geistige Wesen, das du bist, taucht ein in deinen wohl vertrauten Herzensraum. In deinem Herzensraum umfangen dich die liebevollen Schwingungen deines Schutzengels, der dich in Liebe und Geborgenheit einhüllt. Und so bist du nun ganz tief in dir selbst zentriert und angekommen und genießt das Gefühl, in göttlicher Liebe aufgehoben zu sein.*
>
> *Und mit einem weiteren tiefen Atemzug öffnen sich dein Kronenchakra und deine Fußenergiezentren noch weiter. Aus deinen Fußenergiezentren wachsen Lichtwurzeln tief in Mutter Erde hinein, um dich fest zu verwurzeln und zu verankern. Spüre die stärkende Verbindung mit Mutter Erde, die dich trägt und nährt.*
>
> *Dein Kronenchakra ist wie ein Kelch weit geöffnet und streckt sich dem Himmel entgegen. Gehe nun mit deiner Aufmerksamkeit in dein Kronenchakra hinein und visualisiere über deinem Haupt einen Stern, der wunderbar funkelt und leuchtet. Dies ist dein Seelenstern, der in ein höheres Lichtnetz und in dein feinstoffliches System eingebettet ist. Mit dem nächsten tiefen Atemzug nimmst du den Sternenstaub der Erkenntnis und des Wissens aus deinem Seelenstern über dein weit geöffnetes Kronenchakra in dich auf. Wie ein*

Sternenregen ergießt sich das wunderbar schimmernde Licht in all deine weit geöffneten Empfangskanäle und zentriert sich in deinem spirituellen Herzen. In der Weisheit deines Herzens verschmelzen die Sternenfunken zur tiefen Gewissheit, bestens angebunden und geführt zu sein.

Und so fließt der Lichtstrom der Sternenenergie aus deinem Herzen hinab in deine Fußenergiezentren, um sich im Erdenstern, dem Chakra unterhalb deiner Fußsohlen, im Boden zu zentrieren. Der Erdenstern ist dein Verankerungspunkt in der Materie und das Licht aktiviert hier die kristalline Form neuer Strukturen, die in deinem Leben Gestalt annehmen. Und so spüre die erdige Zentrierung, die Standfestigkeit durch deinen aktivierten Erdenstern, der nun angefüllt ist mit hohen Lichtessenzen aus deinem Seelenstern. In dieser Ausrichtung und Zentrierung kommen dein Seelenstern, dein Herzchakra und dein Erdenstern in eine wunderbare Übereinstimmung, gleich einer Lichtachse, die dich stärkt und aufrichtet.

Dieser innere Lichtkanal wird nun nochmals mehr aktiviert, so dass die Energien frei zirkulieren können und sich Himmel und Erde in deinem Herzen verbinden. Eine wunderbare Balance dieser Kräfte wird nun in dir geschaffen und du spürst den Einklang deines geistigen Wesens mit deinem menschlichen Sein. So vereint sich die Kraft deiner hohen Intuition mit deiner irdischen Tatkraft zu einer wunderbaren Schaffenskraft.

Bleibe nun noch einige Augenblicke ganz in Stille in dem geöffneten Energiekanal deines Seins und genieße den aktivierten Energiestrom, der frei in dir fließt. – Pause –

Nun ist es an der Zeit, dich langsam wieder aus dem erhöhten Schwingungsgeschehen zu lösen und dich in deinen physischen Körper und in dein Tagesbewusstsein zurückgleiten zu lassen. Dein Schutzengel sorgt dafür, dass die Schwingung deiner Energiezentren wieder der Frequenz deines Tagesbewusstseins angepasst wird.

Atme nun einige Male tief ein und aus und komme immer weiter zurück in dein Tagesbewusstsein. Mit dem nächsten Atemzug bewegst du sanft deine Hände und Füße und bist du wieder ganz präsent im Hier und Jetzt.

Kreativitätsblockaden –
Die Wurzel des Vergleichs ausreißen

In jedem kreativen Schaffensprozess gibt es Hürden und Blockaden, an die wir stoßen und die uns unsere momentanen Begrenzungen aufzeigen. Diese Begrenzungen entspringen unserem Ego, denn wie wir wissen, ist der schöpferische Fluss an sich grenzenlos und ein unendlicher Strom der Fülle. Es gilt also, ein feines Gespür und eine Achtsamkeit für sich selbst zu entwickeln, um die Blockaden (und Egostrukturen) in uns erkennen und auflösen zu können. Auf vier der häufigsten Blockaden möchte ich im Folgenden näher eingehen und Möglichkeiten zu ihrer Überwindung vorstellen.

Eine der größten Blockaden, die wir aufbauen können, entsteht aus dem **Vergleich** mit anderen. Das Vergleichen mit dem, was ein anderer erreicht hat oder tut, kann uns sehr stark im eigenen Ausdruck hemmen. Der Vergleich mit anderen entspringt unserem Ego. Es gibt dabei immer einen Sieger und einen Verlierer, etwas, das besser oder schlechter als etwas anderes ist. Unser wahres Selbst, der göttliche Funke, ist jedoch einzigartig. Jeder Mensch, jedes Wesen ist eine Bereicherung im Garten der Schöpfung. Wenn wir, in unserer inneren Mitte ruhend, wohlwollend das Tun anderer betrachten und uns an ihrem ureigenen Ausdruck erfreuen können, setzt dies inspirierende Energie in uns frei. Doch wie wir inzwischen durch die Kenntnis um den persönlichen Seelenstern und unseren Lebensplan wissen, kann jeder Mensch nur seinem eigenen Stern folgen und sich damit auch nur seinem ureigenen Entfaltungsprozess hingeben.

Wenn du etwas von ganzem Herzen willst,
dann können dich nur deine eigenen Ängste aufhalten.
SERGIO BAMBAREN IN »DER TRÄUMENDE DELPHIN«

Wenn du also mit neidvollen oder dich selbst mindernden Gefühlen auf andere blickst, lässt du deine kreativ-schöpferische Energie wie in einem unfruchtbaren Gelände versickern. Nur in dir selbst zentriert kannst du den kreativen Strom bündeln und in die Kanäle und Taten lenken, die deinen ureigenen Ausdruck unterstützen. Und nichts ist erfüllender und kraftvoller, als sich selbst in der Verwirklichung seines Potentials zu erleben. Hierbei schöpfst du wie aus einer nie versiegenden Quelle neue Kraft und Energie, die dich wie beflügelt in die nächsten Projekte und Vorhaben hineinträgt. So geschieht wahres, geistiges Wachstum, welches nicht an anderen gemessen wird, sondern dich immer mehr in die Größe und Einzigartigkeit deines göttlichen Seins hineinführt. Dieses Wachstum kennt keine Verlierer, sondern setzt Energie, Freude und Inspiration für dich und andere frei.

Sei also sehr aufmerksam mit deinen Gefühlen und reiße die Wurzel des Vergleichs aus deinem schöpferischen Seelengarten heraus. Betrachte dich wie einen Gärtner, der um die Qualität seiner Saat bemüht ist, denn was du säst, das wirst du ernten. Bringe deswegen so oft wie möglich die Samen der positiven Gedanken und Gefühle wie Liebe, Freude und Dankbarkeit auf dein schöpferisches Feld, in dein Leben und in dein Tun. Denn daraus werden kraftvolle Handlungen erwachsen, die dir genau die Lebensfrüchte bescheren, die dir und deinem Lebensplan entsprechen und dich mit Glück erfüllen.

Das **Bewerten** unseres Tuns oder Seins schafft eine weitere Form der Blockade. Im kreativen Schaffensprozess, wie zum Beispiel beim Brainstorming, ist es von großer Wichtigkeit, Gedanken und Taten zunächst ohne Bewertungen fließen und entstehen zu lassen. Bewertungen sind wie ein Filter des Verstandes, der immer auf seine bisherigen Erfahrungen und das Altbekannte zurückgreift und uns damit in der Begrenzung hält. Um Neues zu erschaffen, müssen wir mit Ideen spielen und sie zunächst unbewertet zulassen können. In diesem Zusammenhang ist es wichtig, sich mutig dem Prozess des Werdens hinzugeben und bereit zu sein, sich dem Unbekannten zu öffnen. Beim Bewerten tritt unser ›innerer Kritiker‹ auf den Plan und martert uns mit Perfektionsansprüchen, Moralvorstellungen und vorgefertigten Meinungen. Durch negative Bewertung wird das zarte Pflänzchen der Idee zertreten, noch bevor es die Chance hatte, durch unsere schöpferische Kraft zu einer strahlenden Blüte heranzureifen. Statt zu bewerten, sollten wir lernen *wahrzunehmen,* ob das, was durch uns entsteht, seiner inneren Vollkommenheit bereits entspricht oder noch der Weiterentwicklung bedarf (ganz gleich, ob es sich hierbei um eine Idee, ein Projekt oder ein künstlerisches Objekt handelt). Manchmal will uns der innere Kritiker auch vor Schmach oder einer Niederlage bewahren. Sollte dein innerer Kritiker wieder einmal laut werden, dann prüfe kurz, ob seine Befürchtungen berechtigt sind. Ist dies nicht der Fall, dann danke ihm für seine gut gemeinten Dienste und stelle dir vor, wie du ihn in den Urlaub schickst. So kannst du dich offen und frei deinem Projekt erneut zuwenden.

Von Kindern können wir die Kraft des Staunens lernen. Da sie noch keine Begriffe geprägt haben, hat jede Erscheinung um sie herum eine ganz eigene, unverfälschte Faszination. Übe einmal, einen Tag lang nichts zu bewerten. Gehe

Das Staunen ist der Anfang der Erkenntnis.
PLATON

mit den Augen eines staunenden Kindes durch die Welt und versuche, den Dingen keinen Namen zu geben und wirklich hinzuschauen. Du wirst erstaunt sein, wie reich und bunt die Welt ist, durch die du tagtäglich gehst, und wie sich dir durch diese Übung vollkommen neue Sichtweisen erschließen.

Eine weitere, häufige Blockade im kreativen Fluss sind innere **Widerstände,** die ebenfalls unserem Ego entspringen. Unser Ego ist um den Erhalt unserer Persönlichkeit bemüht. Werden seine Grenzen in Frage gestellt, fühlt es sich bedroht, da es um seine Auflösung fürchtet, und reagiert mit Widerständen gegen die neue, unbekannte Situation oder gegen die Gefühle in uns. Diese Widerstände lassen sich nicht mit Druck überwinden, denn Druck erzeugt nur Gegendruck. Akzeptanz und Hingabe sind die Kräfte, die sie schmelzen lassen und den Strom der eingefrorenen Energien erneut ins Fließen bringen. Achte also bei inneren Widerständen einmal auf deine Gedanken. Sehr wahrscheinlich versuchst du dich gegen eine Situation zu wehren. Damit baust du jedoch nur neue Mauern des Verstandes auf, hinter denen sich die kreativ-schöpferische Energie aufstaut. Versuche also, zunächst in eine Akzeptanz der Lebenssituation oder des Geschehens zu kommen, in dem Wissen, dass du *vereint* mit der kreativ-schöpferischen Kraft alles verändern und neu gestalten kannst.

Aus dieser Akzeptanz heraus ergibt sich die Kraft der Hingabe. Du bringst dich wieder offen ins Leben ein und öffnest dich so den Lösungsmöglichkeiten, die du zuvor durch die Mauern deines Widerstandes gar nicht mehr wahrnehmen konntest. Betrachte Probleme ab heute als Herausforderungen, die den Keim der Lösung bereits in sich tragen. Mit dieser Haltung verändert sich Problemdenken in Lösungsorientiertheit. Überhaupt ist es hilfreich, sich immer wieder bewusst zu machen, dass wir alles in unserem Leben selbst erschaffen haben. Unsere Lebensumstände sind ein perfekter Spiegel unserer Innenwelt. Wenn du diese spirituelle Einsicht als grundlegende Betrachtungsweise in dir verankern kannst, eröffnet sich dir eine neue Freiheit der Gestaltung und Einflussnahme. Wir können vielleicht nicht alles im Leben nach unserem persönlichen Willen gestalten, aber wir haben viel mehr Möglichkeiten zur Veränderung und Verbesserung einer Situation, als wir manchmal annehmen.

Rufe dir also bei auftauchenden Widerständen die Affirmation »ICH BIN die Schöpferin / der Schöpfer meiner Lebensrealität« ins Bewusstsein und lasse sie mit Hilfe deines Atems in jede Zelle deines Seins fließen. So öffnest du dich dem unendlichen Strom schöpferischer Lebensenergie und befreist dich aus Opfergefühlen zur gestalterischen Kraft und Macht deines göttlichen Seins.

Eine oftmals tief verwurzelte Blockade sind **Zweifel**. Wir zweifeln an uns und an der Welt, und manche Situationen können uns fast bis zur Verzweiflung treiben. Zweifel entspringen der Illusion der Trennung, denn mit unserem Ego erleben wir uns als ein Individuum, das getrennt von anderen existiert. Dies ist jedoch eine fundamentale Täuschung des Egos, der Dualität und der materiellen Welt. Aus geistiger Sicht sind wir mit unserem Bewusstsein in das große Ganze eingebettet und eins mit allem, was ist. Das Erleben der Einheit in uns kann dieses Gefühl, den Urschmerz der Trennung, Schritt für Schritt heilen. So erwachen wir in unserem wahren Schöpfungsbewusstsein, geboren aus der Kraft der Verbundenheit zu allem Seienden.

Zweifel können in der Form von Selbstzweifeln eine zerstörerische Kraft annehmen. Sie zerstreuen die kreativ-schöpferische Energie unseres wahren Seins in Gefühlen der Unzulänglichkeit und schwächen auf diese Weise unsere Lebenskraft. Wie viele wundervolle Ideen sind durch Selbstzweifel schon im Keim erstickt worden, noch bevor sie in der Welt der Form geboren werden konnten! Willst du den schöpferischen Fluss in deinem Leben entfesseln, ist es also von großer Wichtigkeit, deine Zweifel zu überwinden und Selbstvertrauen zu entwickeln. Dies geschieht durch die Kraft des Glaubens. Denn er kann Berge versetzen. Stärke also täglich deinen Glauben in dich und dein göttliches, schöpferisches Selbst.

Mache dir dazu einmal deine Stärken bewusst und schreibe eine Liste mit mindestens fünfzehn positiven Eigenschaften auf, die du an dir schätzt. Besonders kraftvoll ist es, die Formulierung mit »ICH BIN« zu beginnen, denn dadurch sprichst du unmittelbar dein göttliches Selbst in dir an. Lies diese Liste einen Monat lang täglich durch (du kannst sie in dieser Zeit gerne auch noch ergänzen). Durch diese Übung stärkst du in deinem Unterbewusstsein ein positives Selbstbild, das zu völlig neuen und positiven Resultaten in deinem Leben beiträgt. Dieses Selbst war vorher auch schon immer da, du hast dich durch deine Zweifel nur dazu verleiten lassen, eher auf die Unzulänglichkeiten zu schauen.

Ein geistiges Gesetz besagt, dass die Energie unserer Aufmerksamkeit folgt. Wenn wir also versuchen, unsere Zweifel zu bekämpfen oder an unseren Schwächen zu arbeiten, dann geben wir diesen Zuständen noch mehr Energie und verstärken sie nur. Richte deinen Blick, deine Aufmerksamkeit ganz einfach direkt auf deine Stärken und die Macht und Kraft deines wahren Selbst. Dann wirst du eine wunderbare Verwandlung erleben. Denn mit jeder positiven Erfahrung, mit jedem Erfolgserlebnis in deinem Leben, baut sich Schritt für Schritt der Glaube an deine Schöpferkraft und das Vertrauen in dein wahres göttliches Selbst auf.

Meine Stärken und positiven Eigenschaften/Was ich an mir mag:

1.	
2.	
3.	
4.	
5.	
6.	
7.	
8.	
9.	
10.	
11.	
12.	
13.	
14.	
15.	

Meditation: Lebensfluss

Wenn wir die Blockaden in uns erkennen und benennen, ist ihnen oftmals schon die Macht genommen. Denn dann leuchtet das Licht deines Bewusstseins in die Ängste oder Zweifel hinein und entlarvt die Schatten, die unserem Ego entspringen. Besonders wirkungsvoll ist es, bei der Auflösung von Blockaden oder Ängsten die Engel um Hilfe zu bitten. Sie sind jederzeit an deiner Seite, und wenn du sie einlädst und ihnen die Erlaubnis gibst, dürfen sie entsprechend deiner Entwicklung bei der Auflösung von Blockaden unterstützend tätig werden. Durch ihre lichtvollen und heilsamen Liebesschwingungen erfahren wir eine Schwingungserhöhung in unseren Energiekörpern, durch die sich niedrigere Energieformen, wie zum Beispiel Ängste, von uns lösen und ausschwingen können. Durch diese Befreiung kommt ein neuer und harmonischer Energiefluss auf allen Ebenen unseres Seins in Gang, wodurch auch unsere kreativen Energien angeregt werden.

Wenn du das Gefühl hast, dass energetische Blockaden oder alte Glaubenssätze deinen Lebensfluss und deine kreative Energie einschränken, führe die folgende Engelmeditation durch:

Setze dich bequem und aufrecht auf einen Stuhl. Die Füße stehen hüftbreit auseinander und gut geerdet am Boden, deine Hände legst du locker auf deine Oberschenkel. Nimm drei tiefe Atemzüge, um weit und frei zu werden. Mit den nächsten Atemzügen lässt du dich immer tiefer hineinsinken in deine Seelenschichten und in dein hell strahlendes, göttliches ICH BIN. Aus deinem ICH BIN verströmt sich die Energie des Friedens in dein ganzheitliches Sein und schenkt dir eine wohltuende Ruhe und Entspannung.

Und mit dem nächsten tiefen Atemzug öffnen sich all deine Energiezentren ganz weit und du kannst spüren, wie dein Schutzengel an deiner Seite ist und dir über deine weit geöffneten Chakras seine liebenden und vertrauten Schwingungen zufließen lässt. Das Schwingungsfeld deines Schutzengels verbindet sich mit deinem Aurafeld zu einem vereinten Strahlenfeld. Du spürst die Stärke und die Leuchtkraft dieses Strahlenfeldes, in das du eingehüllt bist. Durch die Verbindung mit deinem Schutzengel wird nun ein energetischer Ausgleich in all deinen Energiezentren vorgenommen. Dein Schutzengel legt seine feinstofflichen Hände an die Stellen deines physischen Körpers, an denen du eine Harmonisierung oder Aktivierung der Energien benötigst. Vertraue der Weisheit deines himmlischen Freundes, der genau sieht und spürt, welche Energien du momentan benötigst. Schließe für einige Momente die Augen und spüre in die Harmonisierung hinein. – Pause –

Und mit dem nächsten tiefen Atemzug öffnen sich dein Herzenergiezentrum und dein Drittes Auge noch weiter. Über dein weit geöffnetes Drittes Auge blickst du in die Weite und Freiheit deiner Seelenlandschaft hinein. Und so betrittst du nun in Begleitung deines Schutzengels deine Seelenlandschaft und lässt dich an einen Fluss führen, der mit kristallklarem Wasser durch deine Seelenlandschaft fließt. Du stehst am Ufer des Flusses und genießt die Frische und Reinheit, die das fließende Wasser dir schenken. Und so darfst du nun alle Blockaden, alle Gefühle und Glaubenssätze, die dich einschränken und dir nicht mehr dienlich sind, dem reinigenden Strom übergeben. Gib sie wie Steine, die von dir abfallen, in den Fluss hinein und sieh, wie sie zu Boden sinken und im reinigenden Fluss klar gespült werden. Dein Schutzengel ist noch immer an deiner Seite und unterstützt dieses befreiende Geschehen mit seinen Energien der Liebe und Heilung. Und so breitet sich ein wunderbares Gefühl der Befreiung, der Leichtigkeit und Erfrischung in dir aus.

Du spürst, wie du an deinem Lebensfluss stehst, der unaufhörlich aus einer sprudelnden Quelle genährt wird. Und so schöpfst du nun mit deinen geistigen Händen eine Handvoll frisches Quellwasser aus dem Fluss und trinkst von der reinigenden Essenz. Die klärenden Energien fließen durch all deine Energiekörper. Sie reinigen deinen physischen Körper, deinen Astralkörper, deinen Emotionalkörper und deinen Mentalkörper. Die Kraft der Erneuerung fließt in alle Zellen und Seelenanteile, die sich für Klärung und Befreiung öffnen. Und so nimm abschließend mit einem tiefen Atemzug die Vitalität des Lebensflusses in deiner Seele auf. Diese Kraft pulsiert in dir und vermag dich stetig zu erneuern.

Erfrischt und gestärkt begleitet dich dein Schutzengel nun zurück aus deiner Seelenlandschaft und du tauchst mit deinem Bewusstsein wieder ein in deinen physischen Körper und in dein Tagesbewusstsein. Dein Schutzengel löst sich langsam aus der tiefen Verbindung mit deinem Aurafeld und passt die Frequenz deiner Energiezentren wieder der Schwingung deines Tagesbewusstseins an. Und so atme noch einige Male tief ein und aus und sei wieder ganz präsent im Hier und Jetzt.

Den Nullpunkt überwinden: Glaube an dich selbst

In jedem kreativen Schaffensprozess gibt es einen Nullpunkt. Das ist der Moment, an dem wir alles bis dahin Geschaffene – und manchmal auch uns selbst – in Frage stellen. Es ist die Talsohle im Schaffensprozess und der Moment des tiefsten Loslassens, der das Projekt/die Idee jenseits unseres persönlichen Wollens und unserer Erwartungen freilässt. Ich erlebe diesen Moment selbst immer wieder beim meditativen Malen. Im gestalterischen Prozess, mein inneres Bild auf Papier bringen zu wollen, kommt mitunter ein Punkt, an dem ich das Gefühl habe, dass mir das Bild nicht gelingt und nicht meiner Vorstellung entspricht. Manchmal bin ich dann geneigt, das Bild zu verwerfen. Doch wenn ich diesen Punkt überwinde und weitermale, entwickelt sich plötzlich ein eigenes Geschehen, das sich meiner ›Planung‹ und Gestaltung entzieht. Dann kann ich erleben, wie es *durch* mich malt und Bilder sichtbar werden, die mich selbst überraschen und berühren. Diese Momente sind zutiefst beglückend, und nach einer solchen Talsohle erklimmen wir wie beflügelt einen bis dahin nicht gekannten Ausdruck unseres Schaffens.

So gesehen sind die Nullpunkte, in denen wir uns vollkommen blockiert fühlen mögen, die vielleicht fruchtbarsten Momente des kreativen Schaffens. Denn indem wir gänzlich loslassen, öffnen wir uns einem tieferen Geschehen. Wir erlauben der kreativ-schöpferischen Energie, in uns zu pulsieren und durch uns zu wirken. Auf diese Weise werden wir zu einem Kanal des Lichts und lassen geschehen, was sich *durch* uns gemäß höherer Weisheit verwirklichen möchte.

In diesen Momenten findet Wachstum statt, denn wir werden ein Stück weit gedehnt in unserer Geduld, unserem Vertrauen und in unserer Selbstannahme. Das Geschehen entfaltet seine ganz eigene Dynamik. Wir wissen nicht, wie lange wir diese Talsohle durchlaufen müssen. Es können Augenblicke, Stunden oder Tage sein. Doch das Loslassen ist der fruchtbarste Augenblick. Echte Hingabe ist gefragt und gefordert: Die Hingabe, die Zügel noch einmal völlig aus der Hand zu legen, und nicht unsere persönliche Vorstellung voranzutreiben, sondern nachzuspüren, welche Energie sich durch uns ausdrücken möchte. In diesem Geschehen können wir wahrhaft Demut empfinden, dass wir Teil eines größeren Planes und Gefüges sind, der sich gemäß höchster Weisheit entfaltet.

Viele Menschen machen leider den Fehler und geben an diesem Punkt auf, um einer neuen Idee Vorschub zu leisten. Es erscheint ihnen leichter, etwas Neues zu beginnen, anstatt durchzuhalten. Doch wir dürfen in einem solchen Geschehen lernen, mit unseren Aufgaben oder Projekten zu wachsen und an uns selbst zu glauben. Loslassen, aber nicht aufgeben, ist die Devise. An diesem Punkt zeigt sich, wie sehr wir wirklich von der Uridee beseelt sind oder ob wir an unseren persönlichen Vorstellungen festklammern. Somit ist der Nullpunkt auch ein Wendepunkt der Entscheidung, an dem wir in unsere innere Mitte zurückkommen und uns wieder auf das Wesentliche ausrichten. Bleibe also innerlich weiterhin mit der Idee in Berührung. Es ist hilfreich, dich in diesem Geschehen mit den Engeln zu verbinden und um neue Inspiration zu bitten. Du kannst dir auch vorstellen, das Projekt, die Idee oder Situation feinstofflich in ihre Hände zu legen, um den Vorgang des Loslassens in dir bildlich und energetisch zu unterstützen. Dann schaffe dir immer wieder Zeiten der Stille. Entspanne dich und sei in deinem fühlenden Herzen präsent. So wird der Moment kommen, in dem du von einer neuen Inspiration beseelt wirst und sich das Feuer der Begeisterung aufs Neue in dir entfacht. Mit jedem Projekt, das du auf diese Weise vollendest, wirst du ein tiefes Erfolgserlebnis verspüren und den Glauben an dich und deine Schöpferkraft festigen. Wir dürfen durch diese ›Prüfungen‹ in der kreativen Talsohle auch lernen, einen gesunden Sportsgeist zu entwickeln und spielerischer an unsere Projekte heranzugehen. Die Einstellung, dass wir unsere Fähigkeiten trainieren und täglich verbessern, kann uns dann über solche Tiefpunkte hinweghelfen, ohne gleich alles oder gar uns selbst in Frage stellen zu müssen. Denn die Freude an unserem Tun sollte uns nie vergehen, denn aus dieser Quelle können wir wahrhaft inspiriert handeln und Neues erschaffen.

Nutze diese kreative Pause für eine Übung und mache dir zur Stärkung deines Glaubens und Selbstvertrauens bewusst, was du in deinem Leben bereits alles geschafft hast. Schreibe dazu einmal eine Liste mit deinen persönlichen Erfolgen nieder und mit allem, weswegen du stolz auf dich bist. Und dann sage dir: »Ich werde auch für die aktuelle Situation/Aufgabe eine Lösung finden« oder »Ich werde auch dieses Projekt erfolgreich zu Ende führen«. So schließt du dich wieder an deine schöpferische Kraft an und öffnest dich dem Fluss der kreativen Energie in dir.

Von der Kunst des Zulassens:
Das Ideal liegt wie ein Same in dir

*A*us der Quelle des Lichtes und der Liebe begrüße, berühre und umarme ich dich in deinem weit geöffneten Herzen und Bewusstsein, Anael spricht. Geliebtes Lichtkind, ich freue mich zu sehen und zu spüren, dass du dich den Energien der Erneuerung in dir weit geöffnet hast. Und so lege ich meine feinstoffliche Hand auf dein Herzenergiezentrum, um dieses Chakra noch weiter zu öffnen und seine Frequenz anzuheben. Spüre die sanfte Berührung, die sich als Wärme oder leichtes Kribbeln in dir auszubreiten beginnt. Und so bleibe ich einige Augenblicke in dieser innigen Verschmelzung mit dir, geliebte Lichtschwester/geliebter Lichtbruder, um dich die tiefe Liebe deines wahren Seins spüren zu lassen. Kosmische Liebesfluten durchströmen dich ganzheitlich und weiten dein Herz für die alles umfassende göttliche Liebe. Und so spüre durch die erweiterte Frequenz deines Herzens, dass alles Wissen bereits in dir ist und du den goldenen Samen deiner Bestimmung in dir trägst. Es ist die Lichtessenz deines Seins, die nun für dich fühlbar wird. Erlaube dir, ganz in diese inneren Lichtfluten einzutauchen und die Verschmelzung mit deinem Lichtpotential zuzulassen. Und so fließt gold schimmerndes Urenergielicht über dein weit geöffnetes Herz in dein ganzheitliches Sein und verschmilzt Bewusstseinsebenen in dir zu einem erweiterten Bewusstseinsfeld der Erkenntnis und des Wissens. Lausche meinem Ruf, der in deinem Herzen widerhallt: »Erkenne dich selbst in der Größe deines göttlichen Seins.« In der Strahlkraft des goldenen Lichtes lösen sich alle Zweifel, alle Trennungen in dir auf, so dass du zu der Lichtper-

sönlichkeit erblühst, die du in Wahrheit bist. Und so danke ich dir, dass du voller Vertrauen diese tiefe Berührung zugelassen hast, die dich mit den Kräften der Erneuerung erfüllt. Ich löse nun sanft meine feinstoffliche Hand von deinem Herzenergiezentrum und hülle dich nochmals mit den Schwingungen meines Liebeslichtes ein. Ich danke dir, dass du ein Träger des göttlichen Lichtes auf Erden bist und dazu beiträgst, die Strahlkraft alles Seienden zu erhöhen. So wirken wir in ewiger Liebe zusammen und immer mehr kannst du fühlen und erkennen, dass wir nie voneinander getrennt waren. Ich segne dich in Liebe.

Gott zum Gruße

Sich der Kreativität des eigenen Seins zu öffnen bedeutet, berührbar und empfänglich zu sein. Es ist mehr ein Akt des Zulassens als des persönlichen Wollens. Wenn wir mit den Engeln verbunden sind, werden wir auf wunderbare Weise auf diese Fähigkeit eingestimmt, denn durch das Strömen ihrer Liebesenergien geschieht in uns wie von selbst eine tiefe Öffnung und Berührung. Stelle dir einmal vor, dass alle Anlagen und Talente wie in einem Samen in deiner Seele angelegt sind. Der Same trägt das vollständige Bild dessen, was aus ihm erwachsen wird, in sich. Dieses Ideal deiner Persönlichkeit liegt bereits als Keim in dir. Wenn wir der Natur unseres Seins folgen, wird aus unserer Seele all das mühelos erblühen, was in uns liegt.

Unsere Stärken zu leben heißt, unsere Bestimmung zu erfüllen, während wir unsere Schwächen lediglich verbessern oder ausgleichen können.

Der Natur unseres Seins zu folgen bedeutet, unsere Stärken zu leben und das zu tun, was uns Freude macht und leicht fällt. Denn darin werden wir sehr gute Ergebnisse erzielen und allem Seienden dienen. Mit unseren Stärken sind unsere Interessen und Vorlieben verbunden, wodurch wir uns in diesen Bereichen gerne engagieren. Jeder Mensch hat Stärken *und* Schwächen. Beide Teile machen unsere Persönlichkeit aus und gehören zum Ganzen. Wir sind häufig so eingestellt (bzw. erzogen worden), unseren Schwächen mehr Aufmerksamkeit zu schenken und meinen, uns vor allem durch die Arbeit an unseren

Schwächen weiterzuentwickeln. Das Gegenteil ist jedoch der Fall. Je mehr wir auf unsere Stärken setzen, desto weniger fallen unsere Schwächen ins Gewicht. Im Bereich unserer Stärken werden wir es in unserer Entwicklung am weitesten bringen, da wir hier, getragen von Begeisterung und Interesse, viel leichter unser Bestes geben und erreichen können.

Deine Seele, dein Höheres Selbst und die dich begleitenden Engel senden dir fortwährend Impulse, was dir und deinem wahren Sein entspricht. Du spürst dies, wenn du aufmerksam bist für die Momente, in denen du dich mit dir und deiner Umwelt ganz im Einklang befindest und dich glücklich fühlst. Die Botschaft der Engel lautet immer wieder, dass das Leben Leichtigkeit und Freude ist. Wenn wir unsere Stärken leben, wird Arbeit zur Erfüllung und ist wahre Berufung. Dann folgst du dem Ruf deiner Seele und findest Freude in deinem Tun. Indem wir in unseren Aufgaben aufgehen, sind wir weit geöffnet für die Kreativität und schöpferische Kraft unseres Wesens. Diesen Zustand können wir uns nicht ›erarbeiten‹, es bedarf vielmehr einer inneren Öffnung und eines Zulassens. Indem wir anerkennen, dass wir das Ideal dessen, was wir werden und erschaffen können, als Keim bereits in uns tragen, kann es durch unsere Aufmerksamkeit für unsere Stärken mühelos erblühen. Schenke deinen Anlagen und Fähigkeiten, auch wenn sie dir anfangs noch so klein und bedeutungslos erscheinen mögen, Wertschätzung und Achtung. Denn diese liebevollen Kräfte sind der Dünger, der alles Gute aus dir erwachsen lässt.

> *Du musst selbst die Veränderung sein, die du in der Welt sehen willst.*
> MAHATMA GANDHI

Ein geistiges Ideal erschaffen

Jede Veränderung nimmt im Inneren ihren Ursprung. Es sind unsere Gedanken, die unsere Gefühle und auch unsere Lebenserfahrungen prägen und erschaffen. Wir müssen im Inneren zu dem werden, was wir in der äußeren Welt leben und verkörpern wollen. Einfach ausgedrückt ist damit gemeint, dass du nicht Mangel denken und Wohlstand erwarten kannst. Erst wenn du innerlich von Fülle, Harmonie und Dankbarkeit erfüllt bist, kann das Leben dir mit positiven Erfahrungen antworten. Im Wissen um die unendliche Schöpfermacht des Geistes können wir uns die Kraft der Gedanken zunutze machen, um geistige Ideale zu erschaffen, die unser Tun wirkungsvoll unterstützen. Ein Ideal ist wie ein geistiges Urbild und die Grundlage dessen, was in der Materie Gestalt annehmen wird. Wir erschaffen ein geistiges Muster, wonach die kreative Energie in die entsprechenden Kanäle fließen wird. Stelle dir deinen schöpferischen Geist einmal wie eine Kreativwerkstatt vor, ausgestattet mit den wundervollsten Materialien des Geistes – den Gedanken, aus denen der Stoff deines Lebens gewebt wird.

Die folgende Übung eröffnet dir den Zugang zum schöpferischen Potential deines Geistes:

Schließe für einen Moment die Augen und betrete die Kreativwerkstatt deines Geistes, die du dir wie einen wunderschönen Raum vor deinem geistigen Auge ausmalen kannst. Tauche in deiner Vorstellung in diesen lichtdurchfluteten Raum ein und öffne mit dem nächsten tiefen Atemzug deine Energiezentren ganz weit. Fühle, wie dich kreative Energien in allen Regenbogenfarben schimmernd durchströmen und anregen.

Und so öffnet sich mit einem weiteren tiefen Atemzug dein Drittes Auge noch weiter. Wellen- oder spiralförmig fließt leuchtend violettfarbenes Licht in dein Drittes Auge ein und aktiviert sanft deine Vorstellungskraft.

Lasse nun vor deinem geistigen Auge ein Idealbild dessen entstehen, was du in einem Zeitraum von fünf Jahren beruflich und/oder privat verwirklichen oder erreichen möchtest. Mache dir keine Gedanken, wie das geschehen soll, sondern lasse deiner Phantasie freien Lauf. Alles, was dir Freude macht, ist willkommen. In der Kreativwerkstatt deines Geistes ist alles möglich und du kannst aus dem unbegrenzten Reichtum an Energien und Ideen schöpfen, um ein klares und konkretes Ideal deiner Person, deiner Lebensumgebung und Berufung entstehen zu lassen. Sieh und fühle, wie dieses Ideal immer deutlicher Gestalt annimmt und in deiner Seele lebendig wird. Lasse dir für diesen schöpferischen Vorgang einige Augenblicke ganz in Stille Zeit. – Pause – Nimm nun dieses Bild, diese Szene mit allen Sinnen tief in dein Herz auf. Sieh, wie sich das Ideal deines kommenden Lebensabschnitts zu einem goldenen Samen verdichtet, der über dein weit geöffnetes Herz in deine Seele sinkt und sich dort als Urimpuls verankert. Eine wunderbare Befruchtung mit einer kraftvollen Vision deines Seins hat nun stattgefunden. Atme wieder einige Male tief ein und aus und lasse dich sanft zurückgleiten in dein Tagesbewusstsein.

Wann immer du in deinem Alltag der Ausrichtung bedarfst, rufe dir den goldenen Samen deines Ideals wieder ins Bewusstsein und verbinde dich mit dem Urbild deiner eigenen Schöpfung und Kreation. So werden deine schöpferischen Kräfte neu gebündelt und auf dein inneres Ziel ausgerichtet. Gestatte dir auch, dieses Ideal wachsen zu lassen, und wann immer du wünschst durch Details zu ergänzen und auszubauen.

Die kreative Bewusstseinsarbeit mit inneren Idealen ist eine sehr fruchtbare Methode. Denke nur an Schauspieler, die sich auf ihre Rolle vorbereiten. Indem sie sich in das Wesen, das sie verkörpern sollen, einfühlen und sich innerlich ganz mit ihrer Rolle identifizieren, finden sie zu einem authentischen und berührenden Ausdruck. Für die Zuschauer wird diese Authentizität augenblicklich spürbar. Auch Malern und Zeichnern hilft es, zunächst ganz mit ihrer Umgebung oder dem Objekt, das sie abbilden wollen, zu verschmelzen. Wenn man in das Gefühl einer Landschaftsstimmung oder bei Menschen und Portraits innerlich in deren Haltung und Ausdruck eingetaucht ist, fällt es viel leichter, das Wesentliche und Charakteristische zu erfassen und auf dem Papier auszudrücken. Ein gelungenes Bild oder eine gelungene Zeichnung gibt immer diese Stimmung und den Ausdruck des Moments wieder.

Dies bedeutet für die Entwicklung unserer Persönlichkeit, dass wir mit Hilfe unserer geistigen Kräfte und Gefühle ein Ideal unserer Persönlichkeit entwerfen können, mit allen Stärken und Fähigkeiten, die uns erstrebenswert erscheinen. An diesem inneren Bild und Ideal können wir uns dann immer wieder ausrichten und wachsen.

Die heilende Kraft des Tuns – Mut zur Umsetzung

Inspiriertes Handeln ist die Kraft, durch die wir den Strom kreativ-schöpferischer Energien in unserem Leben entfesseln. Lange genug haben wir uns mit Kreativitätsblockaden wie Zweifeln oder mangelndem Selbstvertrauen begrenzt und den freien Fluss der schöpferischen Energie in unserem Leben eingeschränkt. In den vorangegangenen Kapiteln hast du durch die Engel viele Wege und Übungen kennen gelernt, um dich dem Fluss kreativer Energien zu öffnen und dich in Einklang mit der hohen Kraft der Intuition zu bringen. So wirst du durch deine geistige Führung genau die Eingebungen erhalten, die dich auf deinem persönlichen Entwicklungsweg weiterführen. Doch meistens mangelt es uns nicht an Eingebungen und guten Ideen, sondern an dem Mut und der Motivation zur Umsetzung. Es geht darum, gewohnte Gleise zu verlassen und uns neuen Möglichkeiten und Herausforderungen zu stellen, die uns durch unsere Öffnung und positive Lebenseinstellung schon bald zuwinken werden. Im Mut zur Veränderung liegt die größte Kraft der Weiterentwicklung. Nur indem wir bereit sind, unsere gewohnte Komfortzone zu verlassen, erweitert sich auch unser Erfahrungsspektrum, unser Wissen und Potential. Alles Leben – das ein Ausdruck von Energie ist – strebt nach Bewegung und Veränderung. Wir können uns dem Fluss der Energie nicht widersetzen. Es gilt, eine innere Haltung zu entwickeln und zu fördern, die Energie und Motivation in uns freisetzt, statt uns weiterhin zu blockieren. Diese Einstellung nimmt ihren Ursprung in unseren Gedanken und drückt sich schließlich in unseren Taten

aus. Wie können wir uns nun zum Handeln, zur Umsetzung unserer Ideen und Wünsche motivieren?

Freude an der Selbstverantwortung

Wir sind als geistige Wesen in dieses Leben gekommen und haben uns für eine irdische Erfahrung entschieden, um als Mitschöpfer gestaltend tätig zu werden. Taten sind die Blüten unserer Gedanken und Gefühle. Unsere Lebensrealität ist die Frucht, die aus früheren Gedanken, Gefühlen und Handlungen gereift ist. Wir sind also selbst für uns und unser Leben verantwortlich. Wenn wir diesen Umstand anerkennen, dann haben wir das Tor zu unserer persönlichen Freiheit weit aufgestoßen. Es bringt uns absolut nicht weiter, anderen Menschen oder Umständen in unserem Leben die Schuld zu geben. Wenn wir Schuld vergeben, bringen wir uns in eine Opferposition und geben unsere Macht ab. In der Selbstverantwortung liegt die Handlungsmacht und -freiheit, unser Leben zu verändern und zu gestalten.

Wir haben alle Macht und Kraft in uns, um uns zu verwirklichen und das Leben zu führen, das uns glücklich macht. Mit Hilfe der Engel können wir Einsichten gewinnen, unsere Lebensaufgabe erkennen und auch unterstützende Energien empfangen. Sie stärken unser Vertrauen in das Leben, den Mut in

Für das Können gibt es nur einen Beweis: das Tun.
MARIE VON EBNER-ESCHENBACH

unsere Schöpferkraft und die Freude an Entwicklung. Doch handeln müssen wir selbst, denn dazu haben wir uns einen Körper und diese physische Erfahrung gewählt. Wenn wir uns als schöpferische Wesen begreifen, die an eine unendliche Liebesmacht und Kraft angeschlossen sind, dann verwandelt sich der Druck, handeln zu müssen, in eine tiefe Freude daran, unser Leben zu gestalten und für uns selbst verantwortlich zu sein. Indem wir Selbstverantwortung für uns und unser Dasein übernehmen, fühlen wir uns nicht länger den Umständen unseres Lebens ausgeliefert, sondern können uns zu dem entwickeln, was in uns angelegt ist. Wir spüren den Mut, unser Leben selbst in die Hand zu nehmen und zu gestalten. Denn Entwicklung bedeutet, unser Potential zu entfalten. Nur dann können wir die Freude empfinden, das Leben zu leben, das unseren Talenten und Anlagen entspricht.

Panta rhei – Alles fließt

Panta rhei kommt aus dem Griechischen und bedeutet: Alles fließt. Das heißt, alles befindet sich in einem ständigen Wandel von Werden und Vergehen. Wir können uns dem Lebensfluss gar nicht entgegenstellen. Wenn wir versuchen, uns dem Wandel, dem Wachstum und den Veränderungen zu widersetzen, stauen wir die Energien in uns und unserem Leben auf. Da Energie immer nach Bewegung und Wandlung strebt, wird, wenn wir am Bestehenden festhalten, das Leben selbst uns zur Veränderung aufrufen. Vertrauen ist die Seelenkraft, die dich auf deinen natürlichen Lebensfluss einstimmt und dich *mit* dem Leben fließen lässt. Fließende Energie steht für das Lebensprinzip der Bewegung.

*Wenn du in deinem Leben etwas bewegen willst,
so bewege dich selbst.*

Nur durch dein Tun und Handeln können Veränderung und Weiterentwicklung in deinem Leben geschehen.

Viele Hindernisse und Widerstände erwachsen aus unserem Verstandesdenken. Wenn wir uns an alten Vorstellungen und gewohnten Verhaltensmustern festklammern, begrenzen wir uns selbst in unseren Möglichkeiten. Öffnung allerdings geschieht durch Vertrauen. Indem wir lernen, dem Leben zu vertrauen, werden sich viele Ängste und Sorgen wie Seifenblasen auflösen. Sorgen sind nichts weiter als eine negative, in die Zukunft gerichtete Erwartung. Du selbst kreierst diese Gedanken und nur du selbst kannst dich entscheiden, deine Einstellung zu ändern und

Das einzig Beständige ist die Veränderung.
IMMANUEL KANT

das Leben mit einer offenen und positiven Haltung zu bejahen. Nutze die kreative Kraft deines Geistes, um von dir und deinem Leben schöne Vorstellungen und Ideale zu schaffen, die deine Seele nähren und die Freude und Motivation in dir wecken (siehe dazu das vorangegangene Kapitel zur Erschaffung von geistigen Idealen). Das ist schöpferisches Denken und Fühlen und du wirst erleben, wie es neue Energie in dir freisetzt.

Mache dir das Leben zum Freund und pflege die positive Einstellung, dass es das Leben gut mit dir meint. So kannst du mit offenem Herzen dein Bestes geben und gemäß geistiger Gesetze auch erwarten, dass das Allerbeste zu dir zurückkommt. Um dieses Lebensgefühl des Vertrauens tief in dir zu verankern, übe einmal für ein paar Wochen, den Tag mit folgender Affirmation zu begrüßen:

> *»Ich liebe das Leben und das Leben liebt mich.*
> *Ich begrüße den neuen Tag mit einem Herzen*
> *voller Dankbarkeit und Freude.«*

Mit dieser Affirmation stimmst du dich vertrauensvoll auf den Tag ein und wirst mit deiner Geisteshaltung gemäß dem Resonanzprinzip positive Erfahrungen in dein Leben ziehen.

Die Verwirklichungskraft eigener Ziele

Energie will fließen und ein Naturgesetz besagt, dass Energie dem Weg des geringsten Widerstandes folgt. Dieses Naturgesetz können wir uns zunutze machen, um die kreativ-schöpferische Energie in die Erreichung unserer Wünsche und Ziele zu lenken.

Setze deine Ziele groß genug und die Umstände werden sich nach deinen Zielen richten.
MAHATMA GHANDI

Damit Energie fließen kann, müssen wir Spannung erzeugen. Statt darauf zu warten, dass das Leben, beziehungsweise die Umstände, uns zur Veränderung aufrufen oder gar zwingen, können wir mit Hilfe von Zielen positive Spannung in unserem Leben aufbauen. Die

Arbeit mit den geistigen Idealen hat uns deutlich gemacht, was wir in unserem Leben für erstrebenswert halten. Daraus lassen sich Ziele ableiten, die uns auf dem Stand unserer derzeitigen Entwicklung realistisch und erreichbar erscheinen, aber auch motivierend genug sind, dass wir den Wunsch nach Veränderung fühlen. Durch das Visualisieren des Zieles erzeugen wir einen positiven Spannungszustand zwischen dem Jetzt-Zustand unserer Lebensrealität und dem gewünschten Lebensziel. Diese positive Spannung, also der Wunsch nach Veränderung und Weiterentwicklung, ist wie eine eigene Kraft, die uns voranträgt. Wenn wir das, was wir wollen, klar vor Augen haben, brauchen wir uns darum, *wie* wir unser Ziel erreichen können, keine Gedanken machen. Die kreativ-schöpferische Energie wählt den Weg des geringsten Widerstandes und damit den direktesten. Dadurch wirst du in deinem täglichen Tun und Handeln durch eine höhere Kraft geführt, so dass dir der Weg zu deinem Ziel immer klarer aufgezeigt wird.

Nimm dir also jetzt einige Momente Zeit, um dein nächstes Ziel (ob beruflich oder privat) zu formulieren. Schreibe es in der Gegenwartsform auf, als sei es bereits erfüllt. Sollte es dir noch zu groß erscheinen, so überlege, welche kleineren Zwischenziele du wählen kannst und für erreichbar hältst. Definiere auch diese Zwischenetappen als Ziele. So wirst du schneller kleine Erfolgserlebnisse haben, die dich weiter motivieren. Häufig scheitern wir an unseren eigenen Erwartungen und einem Schwarz-Weiß-Denken nach dem Motto: »Das kann ich sowieso nicht erreichen, das ist ein paar Nummern zu groß für mich, also fange ich gar nicht erst an.« So bleiben wir in unseren alten Fahrwassern stecken. Doch immer, wenn wir uns Ziele setzen, bringen wir etwas Neues in unserem Leben in Bewegung.

Mit dem Aufschreiben deiner Ziele schließt du einen Vertrag, eine Vereinbarung mit deinem Unterbewusstsein, das dich nun auf dem Weg zu deinem Ziel unterstützt. Indem du dein Ziel immer wieder visualisierst, wird es fest in deinem Unterbewusstsein verankert. Es reagiert auf diese Bilder und führt die ›Befehle‹ des bewussten Verstandes aus. So zieht es deine Aufmerksamkeit auf Menschen und Situationen in deinem Leben, die diesen Bildern und Zielen entsprechen.

Durch die vorangegangenen Kapitel hast du dich in Verbindung mit den Engeln auf deine innere Bestimmung und deine tieferen Seelenimpulse eingestimmt. Diese Herzensverbindung und der intuitive Zugang zu den Impulsen deiner Seele stellen sicher, dass du keine Ziele deines äußeren Selbst (deines Egos) verfolgst, sondern dein wahres Sein, dein inneres Wesen mit seinen ureigenen Anlagen zum Ausdruck bringst. Bevor du dich nun an die schriftliche Fixierung deines Ziels machst, ist es hilfreich, dich nochmals mit deinem Schutzengel und deiner geistigen Führung zu verbinden. Öffne mit einigen tiefen Atemzügen dein Herz und bitte deine geistige Führung um klare Seelenimpulse. Wenn du die Herzensverbindung fühlst, dann beginne mit der Zielformulierung:

Mein mir wichtigstes Ziel:	Zeitraum zur Erreichung festlegen (6 bis max. 12 Monate)
Meine Zwischenziele	Zeitraum zur Erreichung festlegen (1, 2 oder 3 Wochen bis max. 1 Monat)
1.	
2.	
3.	

Die Arbeit mit Zielen ist deswegen so wichtig, da wir durch sie Kanäle in uns öffnen, wodurch die kreativ-schöpferische Energie bei der Erfüllung unseres Lebens inspirierend tätig sein kann. Gehe spielerisch an die Arbeit mit Zielen heran. Oftmals scheuen wir uns davor, ein Ziel zu definieren, weil wir uns viele Möglichkeiten offen halten und uns nicht festlegen wollen. Oder wir haben Angst, das Ziel nicht erreichen zu können, so dass wir uns danach noch frustrierter fühlen würden. Betrachte jedoch das Ganze eher wie ein Spiel, in dem du jederzeit neu starten und an Erfahrung nur gewinnen kannst. Dann fällt es dir leichter, unbefangener an die Formulierung heranzugehen und deinen Seelenimpulsen zu vertrauen. Mit jedem erreichten, noch so kleinen Zwischenziel steigt dein Vertrauen in deine schöpferische Kraft und die Motivation, dich an größere Ziele heranzuwagen.

Lebenssinn als Quelle der Motivation

Wahre Motivation und tiefes Engagement erwachsen aus der Fähigkeit, Sinn in unserer Tätigkeit und im Leben zu finden. Dann erwachen unsere schöpferischen Kräfte wie von selbst und wir bringen uns aktiv und kreativ ins Leben ein. Sinn finden wir im bewussten Erleben der Gegenwart, denn nur die Gegenwart kann uns tiefe Erfüllung schenken. Mit Zielen geben wir unserem Leben eine Richtung. Sie sollten jedoch nicht zum Selbstzweck werden, indem wir nur noch auf einen Punkt in der Zukunft fixiert sind, von dem wir uns Glück und Erfüllung versprechen. Ziele dienen vielmehr der Klärung, was wir für erstrebenswert halten und wofür wir uns engagieren wollen. Mit unserer Aufmerksamkeit gilt es, im Hier und Jetzt verankert zu sein, die Chancen zu nutzen und Sinn in dem zu finden, was wir gerade tun. Im Griechischen steht das Wort *Telos* gleichermaßen für Sinn und Ziel. Dieser Zusammenhang macht deutlich, wie wir durch Ziele, die wir uns selbst stecken, Sinn in unserem Leben stiften und uns zum Handeln motivieren können.

Der Augenblick ist zeitlos.
LEONARDO DA VINCI

Sinn kann nur aus uns selbst erwachsen, indem wir unser wahres Selbst erkennen und leben. Es ist ein Trugschluss zu glauben, dass uns irgendetwas im Außen – eine bestimmte Stellung oder das Gehalt – dauerhaft motivieren. »Folge deinem Stern« (siehe entsprechendes, vorangegangenes Kapitel) bedeutet, dass wir unser wahres Potential erkennen und unsere Bestimmung erfüllen. Es ist ein Urbedürfnis im Menschen, etwas Sinnvolles zu tun und einem größeren Ganzen zu dienen. Um den Sinn deines Lebens zu ergründen, frage dich am besten, was *du* dem Leben zu *geben* hast oder was das Leben sich von dir wünscht. Diese Frage öffnet deine Wahrnehmung für deinen inneren Reichtum. Wir tragen die Quelle der kreativ-schöpferischen Energie, der Liebe und der Weisheit in uns. Jeder Mensch ist eine Bereicherung für das Leben und hat ganz bestimmte Talente und Anlagen, die er an seinem Platz einbringen kann und soll. Nimm also deinen Platz im planetarischen Gefüge ein und beginne zu leuchten mit allem, was in dir ist. Finde heraus, was dir im Leben wirklich Freude macht und dann bringe dich mit voller Kraft und Liebe ein. So öffnest du den Kanal zu deiner kreativ-schöpferischen Energie, die dich in deinem Tun erfüllt und dich den Sinn deines Seins erleben lässt.

Meisterschaft

ICH BIN in DIR und DU bist in MIR
ICH BIN Licht vom Licht des Göttlichen
Als Funke glühe ich im Bewusstseinsmeer der Einheit
ICH BIN Liebe, die mein Sein mit DEINEM Geist verschmilzt
In der Einheit mit dem göttlichen Geist erschaffe ich mein Universum
der Schönheit und Vollkommenheit,
um DEINE allumfassende Herrlichkeit zum Ausdruck zu bringen.
Erfülle mein Sein mit DEINEM Licht und DEINER Liebe,
auf dass DEIN Geist durch mich wirke und mein Sein beseelt ist von
dem Verlangen EINS mit DIR zu SEIN

Unsere Lebensreise ist ein sich ständig erweiternder Entfaltungsprozess, in dem wir immer tiefer unser wahres göttliches Selbst erkennen. Wenn wir aus dieser Urquelle heraus leben und erschaffen, dann sind wir Meisterinnen und Meister unseres Lebens. Meisterschaft ist kein Ziel, das es im Leben zu erreichen gilt. Es ist vielmehr ein Seinszustand, in dem wir von innen geführt unseren persönlichen Entwicklungsweg gehen. Verankert in diesem Seinszustand

> *Es gibt keinen Weg zum Glück,*
> *Glück ist der Weg.*
> **BUDDHA**

wissen wir um die unendliche Macht und Kraft, die in jedem Menschen liegt. Auf meinem Schreibtisch steht eine Karte der Künstlerin Jwala Gamper mit dem Schriftzug »Ich bin ein Meister, der übt«. Durch unseren göttlichen Kern liegt das Potential zur Meisterschaft in jedem von uns und wir dürfen uns tagtäglich darin üben, diese Uressenz in allem, was wir tun, mehr und mehr zum Ausdruck zu bringen.

In Begleitung der Engel bist du durch die Meditationen und Übungen in diesem Buch den unendlichen Facetten deines kreativen Potentials begegnet. Habe Mut, die kreativen Funken und Ideen deines Seins in die Welt zu bringen, denn genau an dem Platz, wo du jetzt bist, werden sie gebraucht. Indem du dein Selbst verwirklichst, dienst du allem Seienden. Du inspirierst die Menschen in deiner Umgebung und entfachst mit deinen kreativen Funken das Feuer der Begeisterung.

> *Schöpferisch sein bedeutet, intensiv zu leben und sich der Fülle des Augenblicks zu öffnen.*

Die Engel laden dich ein, jeden Tag für einige Momente in die Stille deines Herzens einzutauchen, um aus deiner inneren Quelle zu schöpfen. Über dein weit geöffnetes Herz wird dir wunderbare Führung und Inspiration zuteil. Wenn du dich jeden Tag auf diese Weise in Einklang mit dir und deinem kreativ-schöpferischen Potential bringst, wird sich dein Leben in immer tieferer Harmonie und Erfüllung entfalten.

Und so nimm zur Verankerung der Energien Anaels Wortschwingungen über dein Herz auf:

Aus der Quelle des Lichtes und der Liebe begrüße und berühre ich dich in deinem weit geöffneten Herzen und Bewusstsein, Anael spricht. Geliebtes Lichtkind, ich umfange dich mit einem Regenbogenschweif der Kreativität und Freude, die dein ganzes Sein erfüllen. Große Freude herrscht in unseren Sphären, dass du dich so tief berühren lassen hast, um dein wahres, kreatives und schöpferisches Sein zu erkunden. Wisse, dass sich neue Kanäle in dir geöffnet haben, die dich noch tiefer mit deinem schöpferischen Selbst in Berührung bringen. So können wunderbare Verschmelzungen in dir geschehen, die dich die ursprüngliche Kraft und Macht deines göttlichen Seins spüren lassen. Und so gehe hinaus, um deine kreativen Funken in alles Seiende hineinzutragen und das Feuer der Bewusstheit zu entfachen. Die Flamme der Wandlung lodert hell und verbrennt alle Zweifel und Ängste, die dich noch an der Verwirklichung deines hell strahlenden Seelenpotentials gehindert haben. Genieße die Kraft der Befreiung und unterstütze diesen Vorgang mit einem tiefen Atemzug. Atme das violette Licht ein und lasse es mit dem Strom der Ausatmung durch deinen ganzen Körper fließen. Und so wird mit der Kraft des violetten Lichtes deine Herzensvision berührt, die du auf Erden verwirklichen möchtest. Vertraue darauf, dass das Feuer deines Herzens alle Menschen zu dir zieht, die deiner Lebensvision entsprechen. So wird ein Lichtnetz zwischen den Herzen der Menschen geknüpft, die das Neue Bewusstsein in sich entfachen und in diese Welt hineintragen. Lasse dein Herz erfüllt sein von der Freude, dass das goldene Zeitalter anbricht und du ein Träger des Lichtes bist. Alles entwickelt sich gemäß dem göttlichen Plan. Und so danke ich, Anael, dir im Namen aller mitwirkenden Lichtkräfte für dein Vertrauen, deine tiefe Liebe und Hingabe an deinen Seelenweg. Die Heilung, die du in dir erfährst, fließt allem Seienden stärkend und befreiend zu. Ich hülle dich ein mit dem Licht und der Liebe meines Wesens und begleite deine Wege.

Gott zum Gruße

Die Autorin

Silke Bader wirkt als freischaffende Künstlerin und Autorin und ist als lichtvoller Kanal für Engel und Lichtwesen tätig. In medialen Einzelberatungen, Engelseminaren sowie in ihren Engelbüchern und Kartensets übermittelt sie Botschaften von Engeln und geistigen Helfern. Mit Hilfe der Engel begleitet sie Menschen darin, den göttlichen Funken des ICH BIN und ihr ureigenes Potential zu erfahren und zu leben. Sie lebt mit Ihrem Seelenpartner Siegfried Bader am Ammersee.

Seelenengel-Bilder: Mit großer Liebe widmet sich Silke Bader dem Malen persönlicher Seelenengel-Bilder, die sie in meditativer Einstimmung auf die Person empfängt. Das Original-Aquarell wird durch eine schriftliche Botschaft des Engels ergänzt. Seelenengel sind Teil der geistigen Führung. Sie unterstützen den Menschen darin, die persönliche Lebensaufgabe zu erkennen und zu erfüllen.

Seminare – Silke und Siegfried Bader geben Engelseminare und Workshops in Deutschland, Österreich und der Schweiz. Termine, Veranstaltungsorte und Informationen zu ihrem Angebot finden Sie unter www.silkebader.de.

Bisher erschienen von Silke Bader
die Bücher *Engel antworten Dir*, *Mit Erzengeln das Leben meistern* und die Kartensets *Aus unserer Quelle für Dich*, *Engelschlüssel*, *Schutzengel-Impulse* und *Wunscherfüllung mit Engeln* sowie die CD *Meditationen mit Erzengeln*. www.windpferd.de